Daphne Rose Kingma

Maximes d'amour

Traduit de l'américain par
Johanne Forget

Distributeurs exclusifs :

• Pour le Canada et les États-Unis :
  Les Messageries ADP
  955, rue Amherst
  Montréal (Québec)
  H2L 3K4
  Tél. : (514) 523-1182
  Télécopieur : (514) 939-0406

• Pour la France et les autres pays :
  Dilisco Diffusion
  122 rue Marcel Hartmann
  94200 Ivry sur Seine
  Tél. : 49-59-50-50
  Télécopieur : 46-71-05-06

• Pour la suisse :
  Transat S.A.
  Route des Jeunes, 4 Ter
  C.P. 1120
  1211 Genève 26
  Tél. : (41-22) 342-77-40
  Télécopieur : (41-22) 343-46-46

• Pour la Belgique et le Luxembourg :
  Vander S.A.
  Avenue des Volontaires, 321
  B-1150 Bruxelles
  Tél. : (02) 762-9804
  Télécopieur : (02) 762-0662

Maximes
d'amour

© 1992 Daphne Rose Kingma
Publié aux États-Unis par Conari Press
sous le titre *A Garland of Love*

Les Éditions Modus Vivendi
C.P. 213, Dépôt Sainte-Dorothée
Laval (Québec) Canada
H7X 2T4
(514) 627-7093

Traduit par : Johanne Forget
Design et illustration de la couverture : Marc Alain
Infographie : Steve D. Perron

Dépôt légal : 1er trimestre 1996
Bibliothèque nationale du Québec
Bibliothèque nationale du Canada

ISBN 2-921556-26-X

À Wink et Mary Jane

Puisse l'amour avec lequel
vous avez embelli ma vie
pendant toutes ces années
illuminer pour toujours
vos cœurs et vos vies

Nous sommes nés de l'amour;
nous vivrons dans l'amour;
nous retournerons à l'amour.

Introduction

S'ouvrir à l'amour

ous savons en nous-mêmes que nous avons tous besoin de plus d'amour: de plus de romance, d'un amour meilleur pour nos enfants, de plus d'indulgence et de compassion à l'égard des autres, de plus d'amour à tous les niveaux, dans tous les domaines de notre vie. Nous savons instinctivement que l'amour est magique, qu'il nous guérit, nous ravit, nous renouvelle et nous transforme, mais nous ne savons pas toujours comment l'obtenir, le garder, ou approfondir l'amour dont nous avons un si grand besoin. Nous avons désespérément besoin d'amour, parce que nous vivons à une époque de grande pauvreté spirituelle; nous sentons un grand vide, que nous remplissons trop souvent par l'excès de travail, l'alcool ou la drogue, ou l'acquisition inconsidérée de choses matérielles. Seul l'amour peut combler cette importante lacune, seul l'amour peut assurer notre subsistance profonde; mais nous sommes tellement inexpérimentés dans l'art d'aimer et d'être aimés que, plus souvent qu'autrement, l'amour que nous avons besoin de donner, de recevoir et au milieu duquel nous voulons vivre nous échappe. Rien de ce que nous avons essayé d'autre ne nous a procuré la paix que nous recherchons, ni les fruits de nos réalisations, ni ceux de notre civilisation. Maintenant nous devons, avec un peu de retard et beaucoup de sérieux, nous tourner vers l'amour.

L'amour, l'amour conscient, l'amour qui nous aime, qui cherche à savoir, qui encourage, qui chérit, qui croît, qui discute et nous console, est la seule chose qui puisse nous sauver, qui puisse nous faire traverser la nuit de notre insatisfaction spirituelle pour nous amener dans la vive lumière de l'union.

C'est pourquoi l'amour conscient est la forme d'art spirituel de la fin du vingtième siècle. C'est ce que nous nous faisons les uns aux autres dans le microcosme de nos relations, ce que nous nous disons et ce que nous nous offrons mutuellement qui finalement changera vraiment le monde.

Parce que l'amour est plus que la romance. C'est un pouvoir merveilleux, immense et transformateur qui, quand nous lui donnons la chance d'entrer, transforme complètement nos vies et les vies de ceux qui nous entourent. Comme, en définitive, rien d'autre ne compte que la façon dont nous nous aimons les uns les autres, nous devons étudier, vivre, penser et respirer l'amour, pour remplir nos cœurs, pour guérir notre monde.

Le présent ouvrage est un recueil de méditations sur la magie, le sens, le pouvoir et la présence de l'amour. Il vous emmène dans un voyage dont les étapes quotidiennes vous permettront de réfléchir à la façon dont l'amour entre dans nos vies et habite nos cœurs, à ce que nous devons faire pour le trouver et le garder, à la façon dont il nous transforme, à ce qu'il nous demande et à ce qu'il nous donne. Il vous invite à chercher pourquoi l'amour est la tâche la plus importante que nous entreprendrons jamais dans nos vies.

Lisez-le, un jour à la fois, pour vous-même ou avec une personne que vous aimez, réfléchissez à ce qu'il dit, essayez de faire ce qu'il vous demande, et votre capacité d'aimer – et d'être aimé – grandira. Les réflexions ont été organisées de façon à vous présenter certains thèmes ou certains aspects de l'amour et à vous permettre de les explorer pendant un ou plusieurs jours selon le cas. Certaines pensées sont examinées plusieurs fois sous divers angles dans un mois donné, pour que vous puissiez vraiment les comprendre et les intégrer. D'autres sujets sont abordés une fois seulement, et c'est à vous de les élaborer davantage pour vous-même. L'idée est de laisser entrer le message, de façon que vous pensiez à l'amour, que vous l'éprouviez et que vous le voyiez de façon très différente, pour qu'il y ait pour vous, dans votre vie, plus d'amour à donner et à recevoir.

Je souhaite que vous puissiez être ému, stimulé, instruit, consolé, inspiré, encouragé et guéri par le présent livre. Je vous l'offre avec mon amour.

C'est maintenant que ça se passe

Quels que soient vos rêves, vos espoirs, vos désirs de changement, vos souhaits pour l'avenir, c'est maintenant que ça se passe. Vouloir changer, avoir un rêve, souhaiter que les choses deviennent comme vous les imaginez, ce sont là des actes de votre pensée qui, molécule par molécule, enclenchent la chimie du changement.

L'imagination est instantanée, mais la réalisation de nos espoirs prend du temps. Quoi qu'il en soit, une fois que nous commençons à tenir à un rêve – dans notre cœur et dans notre esprit, dans les espoirs et les espérances que nous reconnaissons lentement en nous-mêmes – nous avons déjà amorcé le processus qui permettra à la possibilité de se concrétiser.

Alors quels que soient vos désirs, quel que soit le changement que vous souhaitez voir réalisé, quel que soit le résultat que vous voulez atteindre, souvenez-vous que c'est maintenant que ça se passe. Le désir lui-même engendre le résultat.

Guérir ses peurs

Aimer quelqu'un réveille en nous de vieilles peurs: la peur que les choses seront les mêmes que par le passé, la peur que la personne que nous aimons maintenant commettra les mêmes erreurs que nous avons antérieurement vécues, la peur que, après nous être révélé à la personne qui nous aime, celle-ci ne s'intéresse pas suffisamment à nous pour apprendre qui nous sommes vraiment, et encore moins répondre à nos besoins.

Nous avons tous des peurs, et nous pouvons soit les entretenir en silence – leur donnant ainsi toutes les chances de se réaliser – ou les exprimer ouvertement pour permettre à la personne qui nous aime de nous aimer avec elles et malgré elles.

Guérir prend du temps, et une seule chose peut vous aider à surmonter vos peurs au sujet de la personne que vous aimez: plus de temps... et plus d'amour.

Le souffle de l'amour

Aucune vertu, aucune qualité, ni aucune aptitude personnelle ne peut atteindre sa pleine maturité sans être rattachée à l'amour. Pour que l'impact de nos talents naturels, de nos traits de personnalité puisse parvenir à son apogée, nous devons les marier à l'amour dans nos cœurs, et leur permettre par cette alchimie de libérer tout leur potentiel.

Car l'amour confère un élément de vérité à toute chose dans laquelle on l'insuffle, une présence de lumière qui l'élève bien au-delà de l'ordinaire, qui la transporte dans un endroit où nous pouvons saisir les plus profondes significations qui soient suggérées, voir avec les yeux au-delà du regard la vérité de l'invisible, le mystère de l'imperceptible.

Alors quelle que soit la forme d'expression que vous adoptez, que ce soit le langage, la musique, le dessin et la peinture, ou l'expression corporelle, assurez-vous de la remplir d'amour, pour qu'elle soit reçue dans toute sa puissance.

Recevoir l'affection

Être capable de recevoir l'affection qu'une autre personne nous témoigne est un signe de maturité émotive. C'est parce que, bien qu'il soit très difficile d'exprimer ce que l'on ressent soi-même, il est encore plus difficile de laisser les sentiments exprimés par une autre personne pénétrer l'écorce de notre propre égocentrisme.

La capacité d'accueillir véritablement le contenu émotionnel d'une autre personne est un indice de la qualité de votre relation et de vos propres capacités émotionnelles. Cherchez à développer cette capacité dès aujourd'hui; laissez la personne que vous aimez vous toucher, vous émouvoir, même vous faire enrager, car accepter les sentiments d'une autre personne est la mesure de la maturité de votre amour.

Respectez votre âme

Le mépris de l'âme est la forme la plus subtile de non-amour que nous connaissions. C'est-à-dire que dans l'avenue la plus sensible de notre être, l'endroit en nous qui est relié aux plus profondes vérités de l'univers, on nous traite comme des imbéciles ou des idiots, on nous dit que nous ne savons pas ce que nous savons, que nous ne ressentons pas ce que nous ressentons. Plutôt que de voir nos dons spirituels reconnus par ceux qui nous entourent, nos précieuses perceptions sont niées quand elles se présentent.

Du fait que, en général, nous prenons si peu conscience de nos propres âmes, nous ne réalisons pas souvent à quel point elles ont été profondément meurtries et maltraitées. La guérison d'une âme triste et blessée passe par l'amour dont vous l'honorez vous-même, alors commencez maintenant à respecter votre merveilleuse âme en vous fiant à ce que vous voyez, à ce que vous ressentez et à ce que vous savez.

La mère de vos amis

Vous avez une dette importante envers les mères de vos amis. Ce sont ces femmes qui ont donné naissance aux personnes avec qui vous partagez les plaisirs de la vie. Vous avez maintenant la possibilité de chérir les résultats de leurs bons soins – et même de leurs erreurs –et d'en profiter chaque jour que durent vos amitiés.

Alors cherchez aujourd'hui une façon d'exprimer votre gratitude pour l'amour qui vous est porté grâce aux mères de vos amis. Envoyez une carte, un mot, ou, quand l'occasion se présente, dites-leur directement à quel point vous leur êtes reconnaissant. Dites par exemple: «Merci d'avoir mis _____ au monde et de l'avoir aidée à devenir cette amie à laquelle je tiens. Je veux que vous sachiez combien je l'aime et combien je me plais en sa compagnie. Je vous suis reconnaissante d'être pour elle une mère si merveilleuse.»

Les amoureux doués

Nous avons de temps en temps le bonheur d'avoir dans notre vie une personne dont la grâce particulière nous met physiquement en présence du divin. Grâce à la sensualité merveilleusement développée de cette personne, nous pouvons nous libérer de nos conceptions traditionnelles de la sexualité, basées sur les rapports de pouvoir, et nous rappeler que la passion sexuelle est l'un des plaisirs les plus précieux qu'il nous soit donné de vivre.

Si la vie vous fait le cadeau d'une amoureuse ou d'un amoureux merveilleux, n'hésitez pas à le recevoir. Laissez le pouvoir de la guérison sexuelle vous transformer, faire de vous une personne plus merveilleusement entière. Et remerciez la personne dont la capacité de vous aimer en tant que corps vous permet d'atteindre une nouvelle profondeur d'amour dans votre âme.

Et si vous n'avez pas reçu ce cadeau, ne craignez pas de le désirer, car le désir que vous ressentez dans votre cœur est le désir que, en temps opportun, vous serez capable d'éprouver dans une nouvelle et merveilleuse intensité de votre propre passion sexuelle.

L'amour en tant que devoir

L'amour ne consiste pas toujours à faire ce qu'on «a envie» de faire. L'amour est également un devoir, ce que nous avons choisi de faire, parce que nous avons pris l'engagement d'aimer.

Les devoirs de l'amour nous imposent d'aller au-delà des impulsions provoquées par les sensations momentanées, et de tenter de faire ce que l'amour nous commande, plutôt que ce qu'il nous fait ressentir.

Nous n'aimons donc pas seulement nos enfants parce qu'ils nous ravissent, nous les aimons – et les disciplinons – de manière qu'ils puissent devenir des êtres humains entiers. Nous aimons nos parents non pas parce qu'ils nous ont aimés de façon parfaite, mais parce que nous nous sommes engagés à les honorer à cause de la place qu'ils tiennent dans notre histoire. Nous aimons nos amis, malgré des discussions parfois enflammées, parce que nous nous sommes engagés à être constants dans nos amitiés; et nous nous aimons nous-mêmes, même quand notre propre comportement nous déçoit, parce que nous nous sommes avant tout engagés à nous respecter nous-mêmes.

Faire la paix avec son corps

Faire la paix avec son corps, l'accepter comme il est, lui accorder tous les soins nécessaires, le nourrir convenablement, l'entretenir par des exercices appropriés, admirer ce qu'il y a de beau en lui, lui faire honneur en choisissant des vêtements confortables, le traiter comme un temple, en prendre plaisir comme d'une salle de bal, s'en émerveiller comme d'un palais, voilà des expressions d'un sain respect pour son propre corps.

Il n'est pas facile d'être en paix avec son corps. Cela demande des efforts. À un niveau plus complexe, cela demande d'en venir à une entente avec le corps, qui est aussi bien notre essence qu'il ne l'est pas. C'est pourquoi faire la paix avec lui est paradoxal. Nous devons en venir à l'aimer – et à le soigner comme s'il devait durer toujours – ce corps qui dépérira et que, à la fin de notre vie, nous devrons abandonner.

Vivre avec ce paradoxe représente une leçon spirituelle très difficile, mais vivre dans la vérité de ce paradoxe est le plus grand témoignage d'amour que vous puissiez donner à votre prodigieux corps.

Le jeu de cache-cache émotionnel

Quand vous n'exprimez pas vos sentiments directement, dans un sens vous faites des gens qui vous entourent des serviteurs émotionnels. Plutôt que de prendre le risque d'être clair – de demander ce dont vous avez besoin, de dire ce que vous ressentez – vous manipulez les autres en ayant recours au silence, à la maladie, à l'absence, ou aux sautes d'humeur pour qu'ils essaient de comprendre comment il faut vous aimer.

Votre incapacité d'exprimer vos sentiments, ou votre réticence à le faire, est une forme de tyrannie émotionnelle et non un moyen de préserver votre intimité, comme vous le pensez peut-être.

Prendre le risque de se révéler est un acte de vulnérabilité qui favorise toujours l'approfondissement d'une relation intime. Alors cessez d'avoir peur; dites ce que vous ressentez aujourd'hui et renforcez les liens de votre amour en prenant ce risque, qui ne peut qu'enrichir votre relation.

Pas étrangers

Chaque être humain est votre pendant. Les autres possèdent et incarnent tous des aspects de vous-même: vos rêves, vos peines, l'espoir que votre vie ne sera pas finalement qu'une mauvaise blague.

Chacun de nous a connu une époque où le monde était jeune, chacun de nous a eu un cœur printanier éprouvé par des déceptions hivernales, et au centre de chacune de nos vies plane l'ombre obsédante de la mort. Nous sommes donc tous assez semblables; même qu'au fond nous ne sommes qu'un, tous perdus – et retrouvés – dans cette même mystérieuse entreprise qu'est la vie.

Conservez cette vérité en votre cœur tout au long de votre journée, et le monde cessera d'être habité par des étrangers, et le fardeau de la vie elle-même ne sera plus un long processus solitaire.

L'importance de la famille

Les membres de votre famille vous ont été donnés pour vous aider à vous former. Il peut arriver que vous ne les aimiez pas. Ils ne vous comprennent peut-être pas toujours. En fait, l'expérience la plus importante que vous vivrez à leur égard surviendra peut-être au moment où, à cause de vos divergences, vous vous séparerez d'eux. Mais ils sont vos professeurs et vos sculpteurs. Leur influence, plus qu'à peu près n'importe quelle autre dans toute votre vie, vous a formé.

Si vous avez dans votre famille des parents, des frères et des sœurs qui partagent vos joies et vos peines, avec qui vous vous sentez à l'aise, éprouvez-en de la reconnaissance. Mais si les membres de votre famille ont des styles de vie et des valeurs qui divergent si profondément des vôtres que vous vous sentez comme un étranger parmi eux, éprouvez-en tout de même de la reconnaissance. Parce que dans le creuset de leur incapacité à vous comprendre ils vous ont défini, ils ont insisté pour que vous découvriez qui vous êtes au plus profond de vous-même, ils vous ont forcé, sans trop s'en rendre compte, à devenir ce que vous pouviez être de plus vrai et de plus beau.

Une question de temps

Les personnes que nous avons blessées pourront peut-être nous pardonner que plus tard dans le futur. Le fait que vous vous sentiez mieux après avoir crié ou tempêté contre quelque chose qui vous a fait peur, ne signifie pas que l'être aimé, la cible de vos explosions, se sera remis de votre attaque hystérique aussitôt que vous aurez fini.

Le pardon est une question de temps, le temps nécessaire pour comprendre les motivations plus profondes de la personne qui a été inconsidérément cruelle, le temps nécessaire pour que de nouvelles expériences soient appliquées comme de douces bandes de gaze sur nos cœurs et nos genoux meurtris. Nous voulons être pardonnés tout de suite; nous voulons revenir à un état d'équilibre, mais cela ne peut pas toujours arriver au moment qui nous convient. Alors si vous avez blessé quelqu'un et que vous désirez être pardonné – c'est-à-dire que vous souhaitez que les choses reviennent dans l'état où elles étaient avant que l'événement malheureux se produise – vous devez non seulement demander pardon, mais vous devez aussi avoir de la patience. Le pardon prend du temps.

Votre corps unique

Votre corps est le cocon de votre âme. C'est vous. Quoi que vous fassiez dans votre vie, ce sera exprimé par lui d'une façon ou d'une autre. C'est une construction matérielle aux composantes les plus rares, aux capacités les plus élégantes.

Son bien-être est donc d'une importance infinie. Tout ce dont vous rêvez pour votre vie suppose que vous ayez une bonne santé. Alors aimez-vous en prenant soin de votre corps; il est unique, merveilleux et précieux.

La grâce de la gratitude

La gratitude est un acte de grâce, une façon de vous assurer une future abondance de cadeaux. Car quand nous éprouvons de la gratitude, nous ouvrons en nous une voie qui nous permet de recevoir. Nous prenons conscience que ce qui nous a déjà été donné peut nous être donné encore.

En rapport avec les autres, la gratitude c'est du savoir-vivre; en rapport avec nous-mêmes, c'est une habitude du cœur et une discipline spirituelle. Parce que quand nous sommes reconnaissants, nous attendons une bénédiction cosmique.

Pour quelles choses particulières dans votre vie devez-vous éprouver de la gratitude? En les évoquant, vous pouvez en être consciemment reconnaissant. Et la gratitude est le moyen d'attirer sur soi de nouveaux bienfaits.

Ils n'étaient pas là pour moi

Souvent, quand les gens sont en colère contre leurs parents, ils disent: «ils n'étaient pas là pour moi». Quand nous disons cela, nous faisons allusion à quelque vague souffrance, et non à la déception particulière que nous avons ressentie à l'égard de l'un ou l'autre parent.

Elle n'était pas à la maison après l'école à attendre avec du lait et des biscuits? Il n'était jamais à la maison? Il ne vous parlait pas? Elle ne venait pas vous border ou vous lire des histoires pour vous endormir?

Nous disons que nos parents «n'étaient pas là», parce que nous ne voulons pas ressentir notre souffrance particulière ou notre peur que l'avenir puisse être peuplé d'autres qui ne «seront pas là» pour nous. Pour éviter que le passé ne se répète, nous devons identifier spécifiquement notre souffrance pour que maintenant, dans ce moment présent qui contient la possibilité d'être aimé, nous puissions demander ce que nous voulons et constater que, plus que nous ne l'avions imaginé possible, nous pouvons l'obtenir et nous l'obtenons effectivement.

Le comportement a des conséquences

Le comportement a des conséquences. Elles ne sont peut-être pas perceptibles ou immédiates, mais elles vont inévitablement se manifester en temps opportun. Si vous buvez à l'excès maintenant, les conséquences de votre habitude ne seront peut-être pas apparentes avant dix ou vingt ans, mais vous les verrez un jour. Si vous offrez maintenant le cadeau d'un amour qui a le pouvoir de guérir, les récompenses de votre cadeau ne seront peut-être pas non plus apparentes avant des dizaines d'années.

Mais ne vous y trompez pas, ce que vous faites portera fruit. Et que ce fruit s'avère une pomme empoisonnée qui mettra un terme à votre vie prématurément, ou une rare espèce de fleur exotique qui vous fera prendre conscience de mondes inconnus, sachez ceci: quoi que vous fassiez maintenant, cela aura sûrement des résultats.

Alors prenez bien conscience des paroles que vous prononcez et des gestes que vous posez, sachant que ce qu'ils sont maintenant ne constitue que le germe de ce qu'ils deviendront inévitablement dans l'avenir.

Relâcher le contrôle

Lâcher la bride – face à la vie, à la personne que vous aimez, à votre façon de concevoir les choses – vous permet de vous ouvrir à la possibilité de l'amour.

Abandonner le contrôle est un acte de foi et de libération suprême. Car l'amour qui apparaît quand vous faites cela est l'amour véritable, pas l'amour comme vous l'aviez pensé, imaginé, espéré, pas l'amour conforme à vos plans, mais l'amour qui, non sollicité et impétueux comme une tempête ou un animal sauvage, saisit votre cœur et y fait sa demeure.

C'est l'amour qui vous apprendra, vous transformera, vous modèlera, l'amour qui, en étant si grand et en vous demandant tellement, vous montrera qui vous êtes et ce que vous êtes venu faire ici.

Que pouvez-vous faire pour lâcher la bride, ne serait-ce qu'un petit peu?

La joie de l'amour

Par-dessus tout, l'amour doit être savouré. Nous entendons souvent les gens dire qu'ils «travaillent» à leur relation, ou à une douzaine d'autres sujets qui en font partie, comme si les relations ne pouvaient qu'être difficiles, mécaniques, problématiques, des pièces de machinerie qui font perpétuellement défaut ou qui ont besoin d'entretien.

Une relation demande bien sûr des efforts, et nous devons accepter de faire le travail requis. Mais nous devons aussi nous rappeler que l'amour est avant tout un plaisir, un trésor dont il faut jouir, un miracle, un cadeau dont il faut profiter.

Aujourd'hui, ne travaillez pas sur votre amour. Cessez tous les efforts et, bon gré mal gré, laissez-le simplement être.

Sans aucune raison particulière

L'amour n'est pas basé sur le mérite; c'est un cadeau des anges. Peu importe à quel point nous pouvons tenter d'en être digne ou de le faire pénétrer dans nos vies – en nous préparant, en nous trouvant au bon endroit, en essayant de le mériter – l'amour quand il vient est un cadeau purement gratuit, un miracle inattendu.

Vous devez bien sûr faire tout ce que vous pouvez pour inciter l'amour à frapper à votre porte, mais en même temps vous devez vous rappeler que l'amour est venu aussi bien grâce à et malgré tout ce que vous avez fait.

L'amour apparaît sans aucune raison particulière, et pour toutes les raisons. C'est une faveur accordée par les anges, pas la conséquence d'un effort.

Le pouvoir de la proximité

Grâce à un processus d'osmose presque mystique, la proximité engendre la transformation. Nous tirons avantage de l'essence d'une autre personne par les possibilités que nous nous voyons réaliser uniquement en étant près d'elle; et nous modifions certaines de nos façons d'être seulement et précisément parce que nous sommes en présence d'une autre personne.

C'est pour cette raison que nous devons choisir avec la plus grande précaution les personnes dont nous nous entourons – dont nous respirons le souffle, dont nous rêvons le sommeil, dont nous entendons les mots – sachant qu'avec le temps et par la proximité nous prendrons, inévitablement, certaines nuances de leur personnalité.

Voir les personnes qui partagent l'espace intime de votre vie sous cet éclairage, c'est les voir différemment. Quelles présences intimes vous remplissent de paix? De plaisir? De joie?

Le lien ultime

L'amour est le lien qui nous unit au spirituel. C'est la raison la plus profonde pour laquelle nous le recherchons. Nous ne le savons pas toujours consciemment; nous nous imaginons que nous le voulons parce qu'il nous distrait et nous ravit, mais en fait nous le recherchons parce qu'il nous rejoint au niveau de notre désir le plus profond.

Après avoir essayé de nous satisfaire dans tout ce que nous faisons, avec des diversions et des réalisations, nous revenons éventuellement à notre douloureuse aspiration intérieure pour la seule chose qui soit vraie: l'amour qui nous libère des innombrables petites et grandes déceptions de nos vies, l'amour qui nous livre à la vie de l'esprit, la seule à toujours pouvoir remplir véritablement nos cœurs.

Qui mérite l'amour?

S'aimer soi-même signifie que, parmi toutes les personnes que l'on voit, que l'on connaît et que l'on considère comme ayant besoin de notre amour et d'une attention particulière de notre part, l'on se place très près du sommet de la liste.

Cela veut dire qu'il ne faut pas penser toujours d'abord et seulement à l'autre personne, mais qu'il faut tenir compte de ce dont *vous* avez besoin et de ce que vous voulez: il a besoin de temps pour jouer au golf, mais vous avez besoin de passer tranquillement un peu de temps avec lui; les enfants ont besoin de nouvelles chaussures, mais vous allez devenir folle si vous ne pouvez pas vous faire couper les cheveux.

Parfois vous obtiendrez ce que vous voudrez; d'autres fois vous renoncerez à vos préférences. S'aimer soi-même ne signifie pas seulement faire ce qu'on veut; cela signifie simplement penser aussi à soi.

Au-delà du blâme

La maturité émotive est ce stade de votre développement où vous avez atteint la grâce de transcender le concept si familier aux enfants de trois ans et autres âmes immatures, qui consiste à blâmer quelqu'un ou tout le monde pour ce qui arrive dans votre vie, et où vous avez commencé à prendre la responsabilité de votre propre comportement.

Pour la plupart d'entre nous, le développement de notre maturité émotive est un processus. Cela exige une bonne connaissance de soi – de ce qui déclenche nos réactions et pourquoi – de même qu'un certain degré de complexité de perception. Cela signifie que pour être mature sur le plan émotif, vous devez être capable de retourner une situation dans votre esprit et de l'examiner d'un angle différent: peut-être qu'elle ne vous a pas répondu parce qu'elle n'est qu'une stupide égocentrique, ou peut-être qu'elle n'a pas répondu parce qu'elle traverse une période difficile pour elle.

Dépassez la simplicité du blâme pour atteindre la maturité d'une perception plus complexe de vous-même et des autres.

Pas comme vous

La personne que vous aimez n'envisagera pas l'amour ou votre relation exactement de la même façon que vous. Il ou elle peut avoir des sentiments très différents sur la façon dont la relation devrait se poursuivre, sur la façon de discuter, sur la façon de faire l'amour et le moment où vous le faites, et même sur ce que signifie la relation.

Pour la personne que vous aimez, le plus important dans l'amour qu'il vous porte peut être que vous soyez là à son arrivée à la maison, tous les soirs, toutes les nuits; pour vous, certains types d'attentions spécifiques – les petits mots doux, les fleurs, les cadeaux d'anniversaire – peuvent être plus importants que tout. Vous pouvez réagir de façon totalement différente devant les crises: il peut aller au gymnase pour s'entraîner; elle peut discuter pendant des heures avec sa meilleure amie.

Comprendre qu'il ou elle ne ressente pas les choses tout à fait comme vous – et que dans une certaine mesure il ou elle ne semble même pas partager la même relation – et laisser votre partenaire vivre sa propre vérité, est un des principes de base de l'amour.

Continuer son chemin

Une relation est terminée et la guérison émotionnelle est en bonne voie quand la personne que vous aimiez n'a plus la capacité de faire battre votre cœur, de vous mettre en colère, ou de vous faire fondre en larmes.

Cet état de résolution émotive ne signifie pas que vous n'avez jamais aimé la personne avec qui vous aviez une relation. Cela signifie que vous avez résolu vos sentiments, que votre tableau noir émotionnel est propre, et que maintenant vous pouvez attendre tranquillement qu'une main différente soulève un morceau de craie tout neuf pour vous écrire de nouveaux messages d'amour et de tendresse.

Si vous éprouvez encore des sentiments profonds à propos d'une relation à laquelle vous devez renoncer, laissez votre cœur s'ouvrir sur elle encore une fois. Exprimez, peut-être par écrit, vos ressentiments et ensuite vos appréciations. C'est alors seulement que vous pourrez mettre vos sentiments de côté et continuer votre chemin.

Devenir vous-même

Nous avons tous tant d'étapes à traverser pour devenir nous-mêmes. Nous devons comprendre notre histoire et notre enfance; rager dans notre cœur contre nos parents, et puis leur pardonner; guérir nos blessures émotives, respecter nos talents, reconnaître nos sentiments et les exprimer; expérimenter des relations et en réussir quelques-unes; enfin découvrir notre travail, accepter nos limites et faire ce que nous sommes venus faire ici.

En un sens nous ne devenons jamais «complètement nous-mêmes»; nous sommes toujours dans un processus de devenir. Mais pour apercevoir la beauté du processus, arrêtez-vous un moment aujourd'hui pour vous demander exactement où vous en êtes dans votre voyage. Qu'avez-vous déjà accompli, qu'attendez-vous encore? Faites-le avec de la compassion pour vous-même, parce que le processus qui vous amène à devenir vous-même est une entreprise qui dure toute la vie.

Trouver votre force

Dans le processus de votre guérison personnelle, vous trouverez éventuellement votre propre
force. En tenant soigneusement votre propre esprit
par la main, en reconnaissant vos sentiments, en les
respectant et en les exprimant, en soignant votre
corps en tant que récipient qui contient votre esprit
dans la toile de votre vie, vous découvrirez que
vous avez développé, sans le savoir consciemment,
la fermeté intérieure grâce à laquelle vous pouvez
fonctionner pour vous-même.

Ce développement intérieur est un miracle de
compassion intime, un germe d'amour pour vous-
même qui fleurira, un jour, pour se transformer en
capacité d'amour véritable pour les autres.

Alors reconnaissez aujourd'hui cette force qui
vous appartient, et si vous n'avez pas encore conscience de son véritable pouvoir et de sa vraie
dimension, prenez un moment et faites une liste de
vos forces pour que, à mesure que la journée
avance, vous puissiez consciemment chérir cette
force qui est l'une de vos plus importantes possessions.

Les vies ont des thèmes

Chacune de nos vies est une méditation sur un thème tragique particulier: la trahison et l'abandon, le viol sexuel et spirituel, l'injure de l'incarnation exprimée dans les conflits avec le corps, l'utilisation du pouvoir et les abus de pouvoir, pour n'en nommer que quelques-uns. Quel que soit le thème qui domine votre vie, il représente aussi bien votre malheur personnel que la source des plus grandes contributions que vous pouvez apporter aux autres.

La vie est pleine de gens qui ont su transformer leurs blessures en possibilités: l'enfant sensible dont on a ridiculisé la perspicacité qui devient thérapeute; la femme devenue aveugle des suites d'un accident de voiture causé par un adolescent ivre et qui devient conseillère en matière de consommation d'alcool et de drogue dans une école secondaire. Nous devons accepter nos tragédies, parce qu'elles sont l'esquisse de l'unique contribution que nous pouvons offrir au monde.

Quel est le thème tragique de votre vie? Et quels sont les dons spéciaux qui en sont la conséquence?

À vous pour toujours

Vous ne perdez jamais réellement une personne que vous avez aimée. Peu importe ce qui peut vous séparer – le temps, la distance, les relations qui ont précédé ou peuvent suivre une relation particulière, ou même la mort – l'amour que vous avez partagé et l'âme que vous avez rencontrée grâce à cet amour seront pour toujours dans votre cœur, dans ce que vous êtes, dans votre façon d'aimer.

Éliminez tous les signaux d'arrêt et plongez dans toutes les possibilités de l'amour –possédez, ressentez, prenez du plaisir, prenez des risques, recevez. Même si un camion de dix tonnes renverse demain tous vos rêves, c'est de ce que vous avez mis dans votre amour que vous pourrez toujours vous souvenir. Mais si vous ne sautez pas de tout votre cœur, tout ce que vous aurez sera la pensée de ce qui aurait pu être.

Vous êtes le cadeau

Rien n'est plus précieux que la rare, l'exquise, et absolument exceptionnelle essence qui est vous. Quand vous vous offrez à un autre être humain – en vous révélant, en dévoilant vos peurs, vos rêves et les pertes qui vous ont formé et transformé – vous donnez le plus grand cadeau qu'il vous soit possible de donner, le cadeau de votre essence unique.

Loin de constituer de l'égoïsme, le fait de nous dévoiler véritablement est un miracle d'intimité, car en révélant notre moi intérieur dans toute sa complexité, nous permettons à la personne à qui nous parlons, non seulement de nous voir, mais également de se voir elle-même, de découvrir qu'elle n'est pas abandonnée, toute seule avec ses sentiments, perdue dans la condition humaine.

À qui pouvez-vous vous ouvrir pour permettre un rapprochement plus profond, pour accroître votre intimité?

La recherche de nourriture

Trouver de la nourriture pour notre esprit est contraire à tout ce qui est communément à notre disposition. On nous offre des possessions, des distractions et des divertissements qui, plutôt que de nous entraîner au plus profond de nous-mêmes, nous excitent sans fin à un niveau superficiel. Plutôt que d'être invités à découvrir la force de nos sentiments, la puissance de nos émotions face à la vie, on nous entraîne constamment loin de notre profondeur.

La recherche de nourriture – dans la vie, dans l'art, dans la conversation, dans le spectacle, dans ce que nous achetons et dans notre façon de passer le temps – est donc devenue, non pas quelque chose que nous pouvons faire facilement, mais quelque chose qui demande un effort, une entreprise spirituelle dans laquelle nous devons nous engager.

Pour ouvrir votre cœur, pour ressentir plus d'émotions, pour comprendre le sens de la vie, pour faire l'expérience de votre propre profondeur, faites-vous un devoir de chercher aujourd'hui la nourriture qui élèvera véritablement votre esprit.

Vouloir l'amour

Vouloir l'amour, c'est vouloir Dieu. Vouloir la lumière. Vouloir la paix. Vouloir la joie. Vouloir l'amour.

Aujourd'hui, essayez de vraiment vouloir l'amour que vous voulez vraiment.

L'amour dévotion

L'amour, si nous choisissons de le vivre sur le plan de la dévotion, signifie bien plus que de se laisser simplement porter par les vagues de nos émotions, qui vont et viennent comme les marées toujours changeantes de notre expérience. L'amour dévotion – qui consiste à approcher la personne que nous aimons avec franchise, avec une gratitude honnête et avec la reconnaissance du sacré – est l'une des formes les plus pures de l'amour, parce qu'il consiste à témoigner de l'amour à la personne aimée sans rien demander en retour.

Dans l'amour dévotion nos vies deviennent l'expression de la croyance que l'amour lui-même est le plus précieux cadeau que nous puissions offrir. Quand notre cœur et notre esprit sont occupés par cet état qu'est l'amour, notre vie devient l'expression du fait que l'amour a une valeur plus grande que tout ce que nous avons, faisons, réalisons, ou désirons. Et quand c'est cela que nous offrons à un autre être humain, cela constitue, en soi, un acte de dévotion.

Le paradoxe de l'amour

Quand nous entreprenons de nous aimer nous-mêmes, de saisir notre pouvoir sur nous-mêmes, le plus grand défi que nous ayons à relever c'est de rester humble. Savoir que vous avez des limites et que vous n'êtes pas un dieu est le point de départ dans la reconnaissance de vos forces.

À quelles limites devez-vous faire face? Quel genre de compassion devez-vous éprouver envers vous-même à leur sujet? Pouvez-vous aisément revêtir votre humilité, sachant qu'en temps opportun elle deviendra l'un de vos plus puissants attributs?

Les vertus du mécontentement

Le mécontentement est la semence du change-ment, alors quand vous en découvrez en vous-même ne vous découragez pas. C'est une annonce que vous vous faites à vous-même que les choses ne sont pas assez bien pour vous, que vous méritez mieux, que vous avez l'intention de procéder à un changement.

Capitaliser sur le mécontentement demande toutefois du courage et des efforts. Vous devez voir ce qu'il signifie, autrement, comme un chien qui court après sa queue, vous ne cesserez de tourner en rond, en traçant des cercles infinis et dé-pourvus de sens.

Alors qu'est-ce qui vous mécontente, et qu'est-ce que cela signifie pour vous? Dans quelle partie de votre vie ressentez-vous de l'insatisfaction? Quelle mesure pouvez-vous prendre aujourd'hui pour assurer que la semence de votre mécontente-ment fleurisse, en temps voulu, pour vous inspirer le désir d'un changement?

Aucune garantie spéciale

Le simple fait que vous aimiez quelqu'un ne signifie pas que vous ne pouvez pas lui faire du mal – et de la même manière cela ne vous donne pas le droit de lui en faire. La proximité augmente en fait l'acuité de la souffrance que nous pouvons nous causer les uns les autres. Parce que nous sommes attachés, nous pouvons nous faire plus de mal.

Soyez donc conscient que l'intimité crée un pouvoir de blesser. Ne vous imaginez pas que vous ne pouvez pas faire de mal. Faites attention à votre façon de parler et de bouger. Traitez la personne que vous chérissez autant que possible avec délicatesse et ménagements.

La beauté de l'exemple

Il ne peut y avoir pour vos enfants de meilleur enseignement sur l'amour que l'exemple de l'amour que vous partagez avec leur autre parent. Dans la configuration familiale, c'est la relation entre les parents qui est primordiale, pas la relation entre n'importe quel enfant et un parent. En fait, ces soi-disant relations «particulières» entre certains enfants et leurs parents ont souvent pour conséquence de faire subir des mauvais traitements à l'enfant et peuvent entraîner la rupture de la relation entre les deux adultes principaux.

Vous devez dire, montrer et intégrer le fait que vous aimez votre femme ou votre mari d'une façon catégoriquement différente de la façon dont vous aimez vos enfants. Cela représentera l'épanouissement du lien d'amour que vous avez consacré par votre mariage et constituera un merveilleux exemple que vos enfants pourront suivre tout au long de leur vie.

Votre besoin d'amour

N'ayez pas honte de votre besoin d'amour, et n'ayez pas peur de l'exprimer: «J'ai besoin que tu me choisisses»; «J'ai besoin que tu sois près de moi et que tu me réconfortes pour toujours»; «J'ai besoin que tu m'aimes, parce que j'ai tellement besoin d'être aimé».

La révélation de votre besoin d'amour est un cadeau, une invitation à aimer à laquelle la personne qui vous aime répondra avec beaucoup de joie.

Le cadeau de la vie

Recevoir le cadeau de la vie et du monde, avec tous ses mystères et sa magie, ses épreuves, ses labeurs et ses limites, c'est l'amour de la créature pour son créateur et notre action de grâce pour le cadeau qui nous a été donné.

Aimer toutes les autres créatures – les étoiles, les arbres, les animaux et les gens avec qui nous partageons notre vie – est le moyen de prolonger l'amour qui a créé le monde. Grâce à l'amour nous rehaussons et nous affirmons le miracle de notre existence.

L'amour est notre chant de gratitude pour la vie, notre bonheur d'avoir été invité à être ici, notre célébration du fait que nous sommes vivants.

Traverser des temps difficiles

C'est facile d'aimer quand nous sommes au comble du bonheur, quand nous sommes amoureux et que tout va comme sur des roulettes. Mais l'amour est éprouvé dans les moments difficiles, il se développe dans les crises et atteint sa pleine maturité quand des tragédies imprévues s'abattent sur nous.

Alors bien que nous ne recherchions pas les tragédies, et que nous ne devions jamais nous réjouir de leur arrivée, nous devons nous rappeler qu'il y a toujours un joyau caché dans leurs coutures – l'amour qui grandit en nous, comme si, poussés au-delà de nos limites familières, nous pouvions toucher du doigt le divin.

La tyrannie de la manipulation

La manipulation est l'antithèse de l'amour. C'est l'astucieuse domination psychologique de l'existence, des sentiments et des intentions d'une personne par une autre, l'effacement de l'essence d'une personne par l'agression d'une autre personne.

La manipulation consiste à vous arranger pour qu'une personne fasse ce que vous voulez sans reconnaître que vous avez besoin qu'elle le fasse, c'est une négation des priorités d'une autre personne au profit des vôtres. Quand vous manipulez, vous vous traitez comme si vos besoins, vos désirs et vos espoirs n'étaient pas dignes d'être satisfaits (autrement vous demanderiez directement ce que vous voulez), et vous traitez la personne que vous manipulez comme si, en dehors de ce que vous voulez qu'il ou elle fasse pour vous, il ou elle n'avait aucune valeur.

Ne manipulez pas. Commencez aujourd'hui à vous valoriser, vous et la personne que vous aimez, en osant demander directement ce dont vous avez besoin.

L'interface

Faire l'amour est l'interface entre le physique et le spirituel, entre le mortel et l'immortel. Faire l'amour ramène tout ensemble. Faire l'amour est le baume et le lien, le don et le cadeau.

Élever nos relations

Avant que nos relations évoluent jusqu'au point d'exprimer l'amour vrai et la liberté spirituelle, elles seront des cages de conventions visant la suppression de notre capacité d'amour.

L'évolution spirituelle d'une relation intime comprend non seulement l'épanouissement de notre capacité à nous aimer l'un l'autre, mais également le partage de notre amour et de notre pouvoir avec les autres et la découverte de la forme dans laquelle nous pouvons partager notre amour et notre pouvoir avec le monde.

Engagez-vous aujourd'hui à saisir l'évolution spirituelle à laquelle vous invitent vos relations intimes. Demandez-leur – et demandez-vous – d'être plus que vous avez jamais imaginé, de chercher, de trouver, de devenir.

Comment va votre vie amoureuse?

Quand on nous demande: «Comment va ta vie amoureuse?», nous devrions toujours être capables de répondre: «Mon amour est infini; ma vie est remplie.»

Dans la mesure où nous ne le pouvons pas, nous vivons dans des limites qui nous ont été imposées depuis longtemps. Plutôt que d'être radieux et audacieux, de voir l'amour qui nous entoure, de nous laisser aller à susciter encore plus d'amour, nous jouons aux victimes et nous acceptons l'appauvrissement comme un fait immuable.

Aujourd'hui, en ce jour où nous célébrons l'amour, reconnaissez l'amour autour de vous, quelle qu'en soit la forme. N'attendez pas un Valentin, devenez-en un. Prononcez le «Je t'aime» qui générera un «Je t'aime» en retour!

Le bébé et l'eau du bain

Ne minez pas votre relation en vous concentrant sans arrêt sur ses imperfections. Toute relation a des imperfections et en aura toujours. Elles sont la ponctuation, le contrepoint de tout ce qui en fait le sanctuaire qu'elle est, mais ne leur accordez pas trop d'importance ou de temps d'antenne. Les sentiments que nous éprouvons pour les choses viennent souvent de la façon dont on en parle.

Alors aujourd'hui parlez avec amour de votre relation; célébrez ses joies et ses plaisirs, son caractère unique, le mystère de son existence. À la longue, plutôt que d'être un projet auquel vous devez constamment travailler, cela deviendra un miracle dont vous jouirez éternellement.

Indices de mortalité

De temps à autre nous vivons des expériences qui nous font réaliser à quel point est ténu le fil qui nous relie à notre épineuse mortalité. Une personne que nous aimons est soudainement blessée de façon tout à fait inattendue, l'échelle tombe, nous avons une coupure au doigt qui saigne abondamment, la voiture qui vient en sens inverse dérape stupidement et entre en collision face à face avec la nôtre, et nous voilà confrontés à notre grande fragilité.

Quand le malheur frappe une personne que vous aimez tendrement, ou qu'une expérience inopinée vous ouvre les yeux sur votre sentiment de mortalité et la possibilité de perdre un être cher, la question n'est pas de savoir comment vous pouvez apprendre à vous détacher, à ressentir le moins possible, de façon à ne pas avoir à faire face à l'angoisse d'un deuil potentiel, mais de savoir comment vous pouvez vivre chaque moment en étant profondément reconnaissant d'avoir au moins eu l'occasion d'aimer.

Qu'est-ce que vous voulez?

Savoir ce que vous attendez de l'amour est une condition préalable à ce que vous puissiez l'obtenir. Si l'amour n'est qu'une idée vague, un miracle que vous souhaitez de tout cœur voir réalisé, il y a de fortes chances pour que l'amour qui pourrait remplir votre cœur et transformer votre vie se fasse attendre dans votre cas.

L'amour que nous pouvons recevoir est très spécifique; ce n'est jamais une entreprise aléatoire inopportune. Alors si vous désirez vraiment l'amour, prenez le temps de vous demander exactement à quoi vous voulez qu'il ressemble et ce que vous souhaitez ressentir, quels sont les mots que vous voulez entendre de la bouche de la personne qui vous aime, quelle sorte de plaisirs vous voulez partager avec elle.

Vous devez toujours vous souvenir de cela, ou l'amour que vous recevrez ne sera qu'une réponse confuse donnée par hasard à une vague requête, et non l'amour qui meuble vos rêves les plus fous – et les plus terre à terre.

L'amour ne suffit pas

Le simple fait d'aimer quelqu'un ne signifie pas que vous saurez comment faire pour que cette personne se sente aimée. L'amour est un état de l'être, un sentiment dans le cœur, mais c'est le processus de la relation qui permet de générer ce même sentiment dans le cœur d'une autre personne. Contrairement à l'amour, qui est un cadeau, la relation, l'expérience d'une union émotionnelle avec une autre personne, se développe au moyen des comportements et des expériences que nous créons pour la personne que nous aimons, et en sa présence.

À cause de cela, tout ce que vous dites ou faites, tout ce que vous omettez de faire ou négligez de dire, porte en soi la capacité d'approfondir ou d'amoindrir la qualité de votre lien, et en fin de compte, ou bien de détruire la relation ou de lui permettre de se développer merveilleusement.

Aujourd'hui, rappelez-vous que votre comportement a le pouvoir de modeler la qualité de votre relation.

Plus que ce que nous sommes

L'amour nous incite à atteindre les plus hautes formes d'expression de nous-mêmes, il fait de nous des serviteurs et des saints, des confesseurs et des guérisseurs. Quand nous aimons, nous n'avons d'autre choix que d'élargir notre définition de nous-mêmes. Parce que nous aimons, nous devenons non seulement plus que ce que nous sommes, mais plus que nous avons jamais imaginé devenir.

Invitez dès maintenant l'amour à tirer le meilleur de vous-même. Comment pouvez-vous repousser vos limites? Quelle serait votre plus haute forme d'expression personnelle?

L'élégance du pardon

Quand nous pardonnons à un autre être humain, nous n'effaçons pas la chose terrible qu'il a faite; mais devant sa volonté de reconnaître le mal qu'il nous a causé, nous le recevons de nouveau et d'une façon différente, avec ses défauts et sa perfection, dans l'état de grâce que constitue notre accueil cordial.

En fait, la beauté du pardon est qu'il n'est ni aveugle, ni muet. Oublier n'est pas pardonner, c'est simplement la conséquence d'une lassitude mentale; ignorer n'est pas pardonner, c'est une amputation de vos propres capacités de perception. Le pardon voit la blessure, peut se la rappeler si nécessaire, est disposé à surmonter la souffrance qui en a résulté et, grâce à l'alchimie du pardon, accepte de repartir à zéro.

Qui avez-vous besoin de pardonner? Quels sont les mots que vous devez dire – dans votre cœur ou directement à la personne – pour pouvoir recommencer de nouveau.

Le moyen d'être aimé

Nous ne sommes pas aimés inopinément, par hasard, sans aucune raison. Nous sommes aimés parce que nous avons besoin d'amour, et que le moyen d'être aimé c'est de le demander.

Il existe une vieille blague à propos d'un homme qui se tenait au coin d'une rue et qui demandait cinquante dollars à tous les gens qui passaient. Quand une personne qui l'observait se mit à se moquer de lui, parce qu'il restait là toute la journée et se rendait ridicule, l'homme dit: «J'ai peut-être l'air ridicule, mais je parie qu'à la fin de la journée j'aurai plus de billets de cinquante dollars que vous.»

Ainsi en est-il de l'amour. Nous obtenons l'amour que nous demandons. Nous n'en obtenons peut-être pas de tout le monde, ni tout le temps; mais nous en obtenons beaucoup plus si nous prenons le risque de le demander, que si nous restons au coin de la rue sans rien dire, en espérant que quelqu'un va arriver. Prenez le risque de demander de l'amour aujourd'hui.

Sortir les ordures

La colère, c'est comme les ordures: plus vous les conservez longtemps, plus ça sent mauvais. La colère réprimée et périmée peut, plus que n'importe quoi d'autre, bouleverser l'équilibre d'une relation par ailleurs harmonieuse. Il vous incombe donc – pour la paix de votre âme propre et pour le bien de votre relation – d'exprimer tout sentiment de colère que vous ressentez, le plus rapidement et le plus brièvement possible.

Aujourd'hui, déterminez à propos de quoi vous êtes en colère, trouvez les mots qui l'expriment le plus clairement et faites un rapport à la personne concernée, de sorte que, au lieu de l'odeur des ordures qui pourrissent, une douce fragrance parfumée embaume votre salle de séjour émotionnelle.

L'amour, Insaisissable

L'amour est un cadeau. Nous ne pouvons pas en commander l'existence. Il ne répondra tout simplement pas à nos désirs, à notre désespoir, à nos requêtes.

L'amour vient au moment qui lui convient, quand nous le demandons et quand nous nous y attendons le moins, sans aucune raison et pour toutes sortes de raisons, en réponse à nos prières, et même si nous ne sommes pas prêts. La seule chose que nous pouvons faire est de savoir que nous voulons être aimé. Créez le besoin, et grâce aux bons soins des anges, il sera satisfait.

Aujourd'hui, laissez-vous aller à vraiment ressentir votre besoin d'amour.

Pas de moments vides de sens

Toute interaction dans une relation ou bien conduit vers l'intimité, ou bien s'en éloigne. Aucun comportement n'est neutre. Par tout ce que vous dites et tout ce que vous faites, par la texture et l'intention qui se rattachent à chaque mot, à chaque action, à chaque geste, vous sculptez de façon combien délicate la structure de votre relation.

Le ton de votre voix invite votre partenaire à se rapprocher, ou, imperceptiblement, l'encourage à s'éloigner. La façon dont vous le regardez ou ne le regardez pas quand il parle, ou quand vous faites l'amour, approfondira le lien d'amour qui vous unit, ou favorisera la dissolution graduelle de ce lien.

Rien de ce que vous faites n'est vide de sens; tout ce que vous faites a le pouvoir, à un niveau extrêmement complexe, de construire, ou de démanteler, pierre par pierre, la cathédrale de votre relation. Alors rappelez-vous aujourd'hui l'influence infinie de votre comportement sur votre relation.

Édifiez par votre exemple

Le fait de vous aimer vous-même est également un cadeau pour la personne qui vous aime. Vous aimer et prendre soin de vous-même démontre que, au plus profond de vous-même, vous accordez de la valeur au cadeau de la vie et, en particulier, à votre propre vie.

Quand vous vous traitez avec respect, avec douceur, que vous vous nourrissez convenablement, que vous soignez tendrement votre corps, vous invitez la personne que vous aimez à prendre soin d'elle aussi.

L'authentique

Rien ne pourra vous rendre plus heureux ou vous permettre de vous sentir plus vous-même que le véritable et honnête échange émotif avec un autre être humain. Rien n'est plus merveilleux que de pouvoir dire à quelqu'un d'autre qui vous êtes, d'ouvrir votre cœur, de révéler vos vraies couleurs, de rencontrer une autre personne à un même niveau de raffinement.

Aujourd'hui, marchez sur la timidité ou les peurs qui vous empêchent de vous révéler, et permettez-vous de faire, à une personne en qui vous avez confiance, la petite, ou l'immense, révélation que vous voulez faire depuis si longtemps.

Quelle extraordinaire joie ce sera que d'être présent en tant que vous-même!

Ce n'est pas fini

S'imaginer qu'on est arrivé, qu'on a déjà complété son développement, qu'il n'y a plus rien à découvrir, plus aucune épreuve à traverser, c'est vivre sa vie inconsciemment, c'est rater les plaisirs de la vie et ignorer ses leçons, en fait, c'est rater sa vie elle-même.

Si, sans en avoir vraiment l'intention, vous avez vécu ce semblant de vie statique comme les eaux d'un marais, demandez-vous dès maintenant ce que vous manquez, ou, mieux encore, ce que vous auriez l'impression d'avoir manqué si vous viviez le dernier jour de votre vie.

Et faites ensuite quelque chose sans attendre, pour remédier à cela.

Le gardien de votre enfant

Toutes vos relations sont les incarnations de l'enfant non aimé à la recherche de l'amour qu'il ou elle n'a pas reçu. Nous essayons tous d'être vus, entendus, chéris, valorisés et connus.

Alors si vous avez des enfants, aimez-les bien. Ils n'ont personne d'autre que vous pour les aimer, et l'amour que vous ne leur donnez pas est l'amour qu'ils vont passer le reste de leur vie à essayer de retrouver.

Si vous n'avez pas d'enfants, soyez très doux et très gentil avec l'enfant non aimé en vous. De quoi l'enfant a-t-il encore besoin? De quelle façon pouvez-vous honorer l'enfant non aimé en vous? Commencez, aujourd'hui, par reconnaître qu'il existe, qu'il attend encore d'être aimé.

L'échéancier des miracles

Les choses vraiment merveilleuses ne se produisent pas soudainement; elles arrivent graduellement.

Nous attendons souvent le point tournant spectaculaire, la poudre magique qui va instantanément lancer notre vie dans une autre direction. Mais il en va rarement ainsi. Parmi nous, très peu gagnent à la loterie ou deviennent des vedettes du rock-and-roll du jour au lendemain. Nos vies sont plutôt un processus graduel et subtil qui, se déroulant selon un mouvement d'une extrême délicatesse, nous dirige dans une direction différente.

S'il vous arrive de vous impatienter devant le mouvement selon lequel se déroule votre vie, souvenez-vous que, même si vous n'en avez pas vraiment conscience, bien des choses ont déjà changé. Sur quelle voie, dont vous aviez rêvé il y a longtemps déjà, vous trouvez-vous maintenant? Lesquels de vos espoirs se sont déjà réalisés? Essayez aujourd'hui de reconnaître les miracles qui se produisent graduellement dans votre vie.

Déployer son amour

Permettre à la personne que l'on aime d'avoir des relations significatives avec d'autres, d'aimer, de supporter et de nourrir d'autres personnes, c'est élever son amour à un plan supérieur, le transporter dans la dimension spirituelle.

En permettant à votre mari de consoler votre meilleure amie, en laissant votre femme prodiguer des encouragements à votre frère, en acceptant que vos enfants partent en vacances avec les voisins, en partageant votre dentiste, votre masseur, votre confesseur avec une de vos connaissances qui pourrait bénéficier de leurs pouvoirs de guérir, vous étendez la portée de votre amour.

Ce partage et cette ouverture de nos relations s'opposent à notre mythe intérieur de possessivité, qui nous porte à posséder et à contrôler les personnes que nous aimons. Mais le contrôle et la possession sont l'antithèse de l'amour. Bien qu'il comporte un risque, le partage des expériences positives que nous vivons avec ceux qui nous entourent est une source de joie exceptionnelle.

Répondre, c'est participer

Nous croyons parfois que l'amour ne se compose que des choses que nous faisons, pensons, disons ou accomplissons nous-mêmes. La vérité, c'est que dans toute rencontre amoureuse, la réponse est également une forme de participation. En fait, une réponse qui exprime clairement qu'on a entendu, senti, vu, ou qu'on a été transformé par ce qu'a dit ou fait la personne que l'on aime, est l'un des plus merveilleux cadeaux d'union que l'on puisse offrir à l'autre dans toute relation.

Nous avons tous besoin de savoir que ce que nous sommes et ce que nous faisons a de l'influence. La réponse est pour nous une façon d'apprendre que nous sommes importants et que ce que nous faisons produit un effet. La réponse est l'une des forces qui sculptent l'amour.

La distraction des possessions

Les possessions ne peuvent jamais faire pour nous ce que les gens peuvent faire. Les choses, peu importe à quel point elles sont grandes, merveilleuses ou impressionnantes, ne peuvent jamais satisfaire dans nos cœurs le besoin d'amour véritable. Les choses peuvent nous distraire, nous impressionner, nous retenir, nous conférer un faux prestige, nous remonter provisoirement le moral, mais elles ne peuvent jamais prendre dans nos cœurs la place de l'amour d'un seul être humain compatissant.

Laissez-vous vos possessions, ou le temps que vous consacrez à les acquérir ou à les conserver, vous empêcher d'être aimé, de vivre la véritable expérience qui puisse nourrir votre âme? Si oui, demandez-vous quelle expérience stimulante sur le plan spirituel vous pourriez incorporer à votre vie – la méditation, la prière, le travail communautaire – pour vous permettre de vous libérer un jour de la tyrannie des possessions.

Le miracle de l'empathie

L'empathie est véritablement l'un des miracles de l'amour. Avec l'empathie, nous n'avons pas seulement de la peine pour une autre personne, nous la ressentons *avec* elle. Cela signifie beaucoup plus que de simplement voir la situation dans laquelle elle se trouve, de se sentir malheureux pour elle et de souhaiter que les choses vont s'arranger.

L'empathie nous oblige à pénétrer dans l'expérience des autres, à ressentir leur peine, à connaître leur souffrance, à vivre leur peur. L'empathie est vraiment un exercice accompli, parce qu'elle exige que nous ayons d'abord éprouvé nos propres sentiments, que nous n'ayons pas fui nos peines, souffrances et peurs personnelles.

L'empathie nous unit très profondément aux autres. Parce que dans un sens nous entrons dans leur moi affectif, le lieu le plus intime qui soit, pour leur tenir compagnie. L'empathie est une entreprise spirituelle, car, grâce à sa capacité de nous lier si profondément les uns aux autres, elle est véritablement la fin de la discorde, le commencement de la paix.

Le spectre émotionnel

Quand vous réprimez des sentiments à l'une des extrémités du spectre émotionnel, vous réprimez de même inévitablement des sentiments à l'autre extrémité. À l'opposé, quand vous laissez l'éclat de votre moi affectif illuminer l'une ou l'autre des parties de votre spectre, vous l'invitez à s'épanouir dans toutes les autres.

Alors si vous voulez vous sentir pleinement en vie et vibrer d'émotion, vous devez accepter de ressentir non seulement du plaisir et de la joie, de la tendresse et de la passion, mais également des sentiments de peur, de colère, de déception et de perte.

Soyez assez audacieux pour vivre toute la gamme de vos émotions. N'empêchez pas votre joie de vous vivifier, parce que vous avez peur de ressentir la morsure du chagrin.

La compétition invisible

L'un des secrets les mieux gardés à propos de la relation parent-enfant, c'est qu'à un niveau inconscient elle comporte par essence un élément de compétition. Les parents éprouvent du ressentiment du fait que, par la simple vertu de leur âge, les enfants disposent d'une vie, de temps, d'occasions et d'expériences qu'eux, les parents, ont déjà vécus.

C'est dans la mesure de leur capacité d'aimer que les parents peuvent reconnaître consciemment ou inconsciemment cette compétition inhérente et savoir comment traiter leurs enfants à cet égard. Et c'est dans la mesure de l'amour qu'ils seront capables d'exprimer en retour un jour à leurs propres enfants, que les enfants pourront réagir à la compétition exprimée et non exprimée de leurs parents.

Honorez vos enfants en regardant bien en face le sentiment de compétition que vous pouvez éprouver envers eux.

Ne pensez pas à la source

L'origine de l'amitié est magique, aussi imprévisible que le lapin sorti du chapeau du magicien. Les amitiés surgissent dans des endroits inattendus: deux femmes se rencontrent à une soirée d'anniversaire organisée pour un homme qu'elles ont toutes deux fréquenté et détesté; deux personnes qui partagent le même logement et ont des habitudes incompatibles en ce qui a trait à la tenue de maison assistent à une même conférence et découvrent qu'elles ont une douzaine d'autres choses en commun; un homme rencontre le meilleur ami de son ex-femme au gymnase et découvre que, outre leur intérêt commun pour la musculation, ils sont tous deux engagés dans un processus semblable de guérison émotionnelle.

Quelle que soit la façon dont elle arrive, peu importe de quelle façon ridicule ou inattendue elle commence, l'amitié est un trésor qui tient un peu de la magie, et c'est un cadeau gratuit dans nos vies.

Croyez en l'amour

Le plus grand acte de foi est de croire en l'amour: croire que vous tomberez amoureux quand vous n'avez pas été aimé depuis des années; considérer que l'amour guérira vos blessures d'enfance; savoir que vous méritez d'être aimé; conclure que vous pouvez aimer et que votre amour sera estimé et accepté; présumer que l'amour durera; être confiant que l'amour peut réellement changer le monde.

Comme nous avons tous été trahis au plus profond de nos âmes, croire le moindrement en l'amour est un acte spirituel basé non pas sur l'expérience, mais sur la foi pure. Croire en l'amour est difficile, mais quand nous sommes capables de faire ce pas exquis et extravagant, la foi que nous ressentons engendre l'amour que nous désirons.

Croyez, croyez en l'amour!

Une perle de grand prix

Ce que nous chérissons est coûteux – la magnifique montre est chère, les vacances ont coûté six années d'épargne, il a fallu se lever tôt pour prendre le temps d'écrire.

Il en va de même des amours qui nous forment et nous transforment. Nous devons les payer de notre temps, des engagements que nous ne pouvons prendre envers d'autres personnes, de la désapprobation de nos parents ou de nos enfants, de nos choix professionnels ou géographiques.

Essayez aujourd'hui de découvrir le prix que vous avez payé pour votre amour. Faites une liste des choses, des personnes et des ressources auxquelles vous avez renoncé pour l'avoir. Puis chérissez-le encore plus, car le prix que vous payez pour votre amour en révèle la vraie valeur.

Connaissance intérieure

Avoir une perception de soi, une «identité», ou une conception de soi-même, comme disent les thérapeutes, est l'un des plus grands cadeaux de l'amour que nous avons reçu. Quand nous savons qui nous sommes, ce que nous représentons comme individus, ce qui nous émeut et ce qui nous touche, ce qui nous fait peur et ce qui nous fait mal, ce que sont nos aptitudes et nos limites, nous sommes en possession de la plus rare des grâces, une image de nous-mêmes.

Cette connaissance intérieure, cette capacité d'avoir du plaisir, d'expérimenter, de découvrir, d'explorer et de continuer à vous créer vous-même est l'une des plus grandes bénédictions de l'amour parental. Si vous l'avez reçue, soyez-en reconnaissant. Si c'est à vous en tant que parent de la donner, soyez conscient que, pour l'enfant qui la reçoit, ce sera un trésor pour la vie, car il n'y a pas de plus merveilleuse possession que la véritable connaissance de soi.

Un reflet d'honneur

Ce devrait être un honneur que de vous voir dans les yeux de la personne que vous aimez.

Voir dans la personne qui nous aime l'excellence qui réside en nous-mêmes, le meilleur de nous-mêmes, le maximum que nous puissions atteindre, le sommet auquel nous pouvons aspirer est le type de reflet vers lequel nous devrions tendre.

Cela signifie que, plutôt que de nous laisser aller à la paresse, de supposer que nous serons toujours aimés tels que nous sommes, sans aucune raison, et de présumer que la bonne opinion que notre amoureux a de nous est immuable, nous devons toujours faire de notre mieux pour incarner nos idéaux les plus élevés. Nous ferons le maximum d'efforts, nous tenterons de devenir encore plus que ce que nous sommes maintenant, pour que, dans les yeux de la personne qui nous aime, nous puissions toujours voir de la fierté, de l'étonnement, de l'honneur, du ravissement et de la joie.

Le test d'amour

Parfois nos sentiments réels face à l'amour sont invisibles pour nous. Il y a des obstacles sur notre chemin, mais nous ne les reconnaissons pas; nous avons des espoirs secrets à propos de l'amour, mais nous ne nous permettons pas de les connaître. Nous avons des idées fausses sur ce que l'amour devrait être, mais nous n'en prenons jamais conscience.

Voici un petit test qui vous aidera à découvrir quelques-unes de vos idées inconscientes sur l'amour:

Pour moi, être aimé signifie _____

Pour moi, savoir que je suis digne d'être aimé signifie _____

Pour moi, devenir plus capable d'aimer exige que je _____

Pour moi, devenir plus capable de recevoir l'amour exige que je _____

En considération

La considération consiste à être capable d'imaginer comment ce que vous dites ou ce que vous faites peut affecter une autre personne. Il ne s'agit pas d'une forme d'étiquette passagère et superficielle, mais de la reconnaissance profonde du fait que l'autre personne n'est pas vous. La considération reflète votre désir de respecter l'autre, eu égard à ses sentiments, à ses besoins, à ses limites et aux circonstances dans lesquelles elle se trouve.

La considération, c'est mettre les besoins d'une autre personne sur le même pied que les vôtres, et, quelle que soit l'occasion, quel que soit votre emploi du temps, de tenir compte du fait que l'autre fait également partie de ce qui se passe.

La considération nous demande, ne serait-ce que pendant une minute, de sortir de nous-mêmes. Pour témoigner de la considération, commencez à poser des questions: Comment vas-tu? De quoi as-tu besoin? Est-ce que cela te convient? Est-ce que je peux faire autre chose? La considération, c'est de la compassion toute simple. La considération engendre la considération... pour vous aussi.

Recevoir la lumière

Quand meurt une personne que vous aimez, celle-ci projette sa lumière sur vous, d'où qu'elle se trouve. Les qualités, le génie et les talents qui étaient siens viendront vous habiter d'une étrange et mystérieuse façon; son absence vous emplira de sa présence.

C'est ce qu'elle laisse en héritage. Au cœur de votre perte, c'est son cadeau. Attendez-le; recherchez-le. Croyez-y, et vous le recevrez sans aucun doute.

Ouvrir nos cœurs

Un si grand nombre de nos cœurs sont meurtris ou fermés à cause de blessures presque intolérables infligées par nos père et mère, par des frères et sœurs inconsidérément cruels, par des étrangers et amis inconscients.

Pour ouvrir nos cœurs, aimer et pouvoir *être* aimés, nous devons retourner à la blessure, marcher une fois encore sur le terrain accidenté, parce que c'est avec un cœur renforcé par la cicatrisation que nous pourrons nous ouvrir de nouveau.

Aujourd'hui, persévérez au-delà du resserrement de votre blessure, et faites-vous l'honneur de vous ouvrir de nouveau, peu importe ce sur quoi vous devez vous pencher dans votre passé, peu importe la longueur du voyage.

Être réellement vu

Nous nous sentons aimés quand nous sentons qu'un autre être humain nous voit, nous perçoit profondément, nous comprend et nous répond. La capacité d'être vu exige de la vulnérabilité. Cela signifie que nous nous révélons, ou que nous nous plaçons si près d'une autre personne que celle-ci peut nous voir réellement.

Certains d'entre nous ont peur d'être vus. Ils ont peur de dévoiler leurs secrets. Ils craignent que, après avoir dévoilé leurs profondeurs intérieures, ils ne puissent plus se sentir en sécurité ou être aimés. D'autres au contraire ont peur de ne pas être vus, de demeurer pour toujours invisibles, de n'être jamais reconnus.

Aujourd'hui, révélez à la personne que vous aimez une chose que, dans le passé, vous avez tenue cachée, et permettez-vous de voir en elle quelque chose qui vous avait auparavant échappé ou que vous aviez ignoré, et puis d'y répondre. L'intimité croît quand nous sommes vus, quand nous nous permettons vraiment de nous voir les uns les autres. Acceptez d'être vu.

Au-delà des frontières

Il y a certaines expériences – courir, danser, faire l'amour, écouter de la musique, lire une prose pétillante – qui nous portent au-delà des frontières entre la chair et l'esprit.

Quand nous sommes dans cet état de pureté et d'indifférenciation, pas même séparés de nous-mêmes, nous sommes en état d'amour.

Faire le clown

L'humour est l'une des plus délicieuses qualités que vous puissiez apporter dans une relation. Raconter une blague, se moquer gentiment des points faibles et des excentricités de l'un et de l'autre, rire ensemble des tournures de la vie, voilà de bons médicaments contre les petites douleurs émotionnelles passagères dans toute relation qui-tend-à-être-trop-sérieuse.

Alors prenez contact avec le clown qui est en vous. Examinez votre vie pour découvrir dans quel cas vous avez tendance, invariablement, à devenir trop sérieux. Puis essayez de faire un peu d'humour, racontez une bonne blague, ou même une blague idiote. Ne vous prenez pas au sérieux.

La grâce du silence

Vous ne pouvez pas vous faire à vous-même de cadeau plus spécial que celui d'une expérience de silence et de solitude, d'un peu de temps hors du temps, de temps pour la contemplation, de temps pour sortir de l'ordinaire, de temps pour aller au-delà de vos limites dans le lieu le plus calme.

Nous sommes poussés à être toujours occupés, à travailler, à faire, à accomplir, à être constamment et sans cesse actifs, et c'est ce que nous commande la vie telle que nous la connaissons. Nous réalisons ainsi tant de choses que nous commençons à croire que la réalisation est tout. Nous ignorons les complexités qui reposent sous la surface, la paix profonde et mystérieuse, le Dieu en chacun de nous.

Arrêtez-vous et considérez-vous aujourd'hui comme une partie de l'œil de Dieu.

Le point commun

Nous avons parfois peur des étrangers, des êtres non familiers, parce qu'ils sont différents. Nous ne savons pas à quel point ils sont comme nous; nous ne savons pas à quel point nous sommes comme eux.

Quand nous éprouvons cette peur, nous avons tendance à nous retirer et à nous refermer, ce qui peut nous faire rater à l'occasion une expérience qui pourrait être merveilleuse. Combien par exemple avez-vous d'amis qui, au moment de votre première rencontre, vous ont paru exaspérants, étranges, ou si différents de vous que vous n'auriez jamais fait leur connaissance s'ils n'avaient pas fait le premier pas?

Quand nous avons peur, c'est parce que nous avons perdu ou que nous n'avons pas encore trouvé le point commun, celui qui à la base est le même pour nous tous: le fait que nous sommes humains, que nous souffrons, que nous changeons, que nous mourons. Aujourd'hui, prenez un risque avec les gens que vous rencontrez et essayez de découvrir le point commun.

L'amour est le point de comparaison

L'amour est l'archétype, la mesure de toutes nos autres expériences. Quelle que soit la chose qui nous émeut, ou qui retient notre attention, jusqu'à un certain point, que nous en soyons ou non conscient, nous la comparons à nos expériences de l'amour. «C'est comme tomber amoureux»; «C'est presque comme être en amour»; «Ma vie serait parfaite si seulement j'étais en amour».

L'amour est le point de repère à partir duquel nous mesurons les autres aspects de nos vies, parce que, dans nos cœurs, nous savons que c'est l'expérience suprême.

Ce qui nous attend

Les tragédies qui peuvent nous arriver – les problèmes avec nos enfants, l'angoisse avec laquelle nous devons surveiller nos parents dont les capacités diminuent, les maladies inattendues – nous demandent chaque fois de grandir.

Nous ne nous sentons peut-être pas prêts pour faire face à ces crises, et nous ne le *sommes* effectivement pas. Mais à mesure qu'elles se déroulent elles nous apprennent non seulement notre capacité de grandir, mais aussi notre capacité d'aimer.

Par conséquent, bien que nous soyons tous portés à espérer que la vie sera simple, que les choses resteront telles qu'elles sont, nous devons également bien accueillir les changements de la vie – l'évolution, le deuil, les transformations. Parce que ce sont ces crises qui forment nos âmes, qui élargissent notre véritable capacité d'amour.

Souhaitez-vous dès maintenant d'obtenir la grâce qui vous permettra non seulement de traverser les crises qui assaillent votre vie, mais également de les considérer comme des occasions de vous transformer le cœur.

Notre vraie possession

Supérieur à toutes les autres ressources, le temps est notre vraie possession. Les objets vont et viennent, les relations s'amorcent et s'estompent, les emplois changent et les circonstances se modifient, mais le temps est une constante. Nous l'avons et nous pouvons en faire ce que nous voulons.

Nous ne pensons pas souvent à l'utilisation que nous faisons de notre temps: quand nous dormons, nous passons du temps; quand nous avons une conversation avec un ami cher, nous partageons du temps; quand nous apportons du réconfort à une personne qui souffre, nous donnons de notre temps; quand nous avons une discussion inconsidérée, nous perdons du temps.

La plus importante caractéristique du temps est qu'il passe, que nous n'en avons qu'une quantité limitée. Alors soyez conscient de sa valeur, et sachez que, quand vous le donnez, le partagez ou le gaspillez, vous dépensez la ressource la plus précieuse que vous possédez. Quand nous donnons notre temps, nous donnons une partie de notre vie.

Splendeurs multiples

Une relation peut s'exprimer à plusieurs plans: le plan physique, en faisant l'amour; le plan émotif, en éprouvant de l'amour; le plan spirituel, en étant l'amour.

Avoir une relation qui se situe uniquement sur le plan physique, c'est avoir une relation de sensation primitive, de caractère superficiel; avoir une relation qui se situe uniquement sur le plan émotif, c'est avoir une relation concentrée à l'excès sur les questions psychologiques; avoir une relation qui se situe uniquement sur le plan spirituel, c'est ignorer que vous êtes un être qui ressent et qui respire.

Mais avoir une relation sur les trois niveaux, c'est reconnaître la beauté et la complexité du fait d'être humain. C'est être ouvert et être rempli des possibilités incomparables qui se rejoignent au point de confluence des dimensions physique, émotive et spirituelle.

Sur quel plan négligez-vous votre relation? Comment pouvez-vous la faire évoluer pour qu'elle englobe les trois dimensions?

Au-delà de la dépendance

Dans nos préoccupations légitimes face à l'engagement excessif et malsain, et, en particulier, face à la dépendance dans nos relations, nous pouvons facilement oublier que les relations, dans leur fibre et leur nature mêmes, comportent à un degré très élevé la possibilité de nous guérir sur le plan émotionnel.

Bien entendu, si nous ne portons pas constamment et consciemment attention à notre propre intégrité, nous pouvons être détournés de notre but, retenus ou même immobilisés dans le processus de guérison d'une autre personne. Toutefois, quand nous pouvons considérer la tragédie d'une autre personne comme une partie de notre propre tragédie, et sa guérison comme une partie de notre propre guérison, nous acceptons les conséquences du pouvoir de guérison de l'amour qui transforment nos vies.

Est-ce que l'amour avec lequel vous transformez la vie d'une autre personne transforme également votre vie pour le mieux?

Amusez-vous

Pour être intéressant, soyez intéressé. Vous n'êtes passionnant que dans la mesure de votre propre passion, et l'une des choses que vous êtes obligé d'offrir à la personne que vous aimez est la faveur de votre propre implication dans la vie.

Dans une relation, nous partageons non seulement ce que nous donne la personne que nous aimons, mais ce que nous sommes en nous-mêmes – les livres, la musique, les passe-temps fascinants (le parachutisme, l'alpinisme, la collection de serpents venimeux), ou les diverses formes d'expression artistique personnelle (la peinture, le ballet, la photographie, la menuiserie) que nous exerçons.

Pour être amusant, donc, amusez-vous. Quel divertissement pouvez-vous ajouter à votre répertoire pour vous satisfaire personnellement et ajouter une nouvelle dimension à votre relation?

L'éventail de besoins

Nous avons tous une certaine gamme de besoins dispersés sur un large spectre. Cela peut aller du besoin de nouveaux sous-vêtements, au besoin que la personne aimée cesse de travailler autant, au besoin – immédiat – d'avoir une tendre conversation.

Nos besoins sont comme des arcs-boutants qui soutiennent la cathédrale de notre vie. Les connaître donne une structure à notre vie; provoquer les circonstances susceptibles de les satisfaire donne un sens à notre vie.

Alors, à partir de maintenant, arrangez-vous pour connaître vos besoins: ce dont vous avez besoin maintenant, ce dont vous aurez besoin dans les cinq prochaines années, ce dont vous aurez besoin pour le reste de votre vie, de façon que votre vie, quand vous la quitterez, sera un cercle complet de joies, et non un cercle brisé de regrets.

Retrouver votre équilibre

Guérir signifie regagner la place que vous occupiez ou retrouver l'état dans lequel vous vous trouviez, avant de contracter une pneumonie, de devenir alcoolique, de perdre tout votre argent à la bourse.

Pardonner à quelqu'un représente une sorte de guérison émotionnelle, un retour à l'état qui existait avant que l'événement blessant se produise, une libération de l'étranglement qui prévalait, parce que vous étiez incapable de repartir à zéro.

Alors pour retrouver votre équilibre émotionnel aujourd'hui, pardonnez à la personne qui vous a fait du mal – même si vous ne le voulez pas, même si cela vous semble impossible, même si ce qu'il ou elle a fait était impardonnable, même si cette personne est vous-même.

Prendre ses distances

Quand on met fin à une relation (qu'il s'agisse d'une amitié ou d'une relation amoureuse), il est toujours tentant de rester en contact avec la personne que l'on essaie de quitter. C'est parce que nous avons tous besoin d'expérimenter des post-scriptum – de petites rencontres qui nous confirment pourquoi nous partons – qui nous permettent de régler graduellement tous nos problèmes émotifs non résolus.

Mais prendre ses distances constitue également un remède merveilleux. Si vous venez de mettre fin à une relation, et que vous êtes tenté de courir sans arrêt vers l'autre uniquement pour subir un nouveau rejet, essayez de résister à la tentation. Gardez vos distances, le plus que vous pouvez. Vous découvrirez ainsi des parties de vous-même que vous aviez oubliées depuis longtemps – des qualités, des possibilités, et une surprenante sensation d'enthousiasme grâce à laquelle vous pourrez recommencer.

Une source de joies

S'aimer soi-même, c'est imaginer la vie comme une source de joies: joies dans l'expérience, joies dans les relations, joies dans le contenu de son existence, et joies dans le ravissement qu'éprouvent les autres à nous connaître et à nous aimer.

Quelles joies ressentez-vous dans l'expérience?

Quelles joies ressentez-vous dans vos relations les plus intimes?

Quelles joies ressentez-vous à l'égard de vous-même?

Quelles joies ressentent les autres à vous connaître et à vous aimer?

Étonnamment beau

En ce qui concerne l'amour (et aussi un bon nombre d'autres choses) nous voulons ce que nous voulons, quand nous le voulons, et exactement comme nous le voulons. Le fait de nous concentrer obstinément sur le quand et le comment des choses retient notre attention dans l'abstrait, et nous négligeons souvent dans le processus les personnes et les choses qui se rapprochent de notre rêve, parce qu'elles ne correspondent pas exactement à ce que nous avions en tête.

La vie n'est pas parfaite. Nos projets ne se réalisent jamais précisément, mais nous sommes souvent extrêmement surpris. Ne vous enfermez pas dans vos caprices. Cessez de souhaiter que les choses soient exactement comme vous voulez qu'elles soient pour les recevoir exactement comme elles sont.

Rite de passage

Les relations ont des phases. C'est aussi vrai pour les amitiés que pour les romances qui durent toute la vie. Les transitions d'une phase à une autre peuvent être difficiles, parfois même déchirantes, mais la croissance et la transformation s'accompagnent d'un rite de passage.

Ces phases ne peuvent pas nécessairement être orchestrées par les personnes intéressées. La relation elle-même suit plutôt un développement organique, qui est une réponse synergique et mystique tant à l'endroit des personnes qui y participent que de leur part. Vous saurez que le passage est complété quand les sentiments qui vous troublaient s'effaceront et qu'un nouveau chapitre inattendu de votre vie aura commencé à se dérouler.

Dans quelle phase votre relation se trouve-t-elle actuellement? L'aube d'une nouvelle romance? L'été de la profondeur et de la passion? La saison du doute et du désespoir? Quel que soit le stade où vous en êtes, qu'est-ce que cela peut vous apprendre sur vous-même et sur l'autre?

Le pouvoir de guérison de l'amour

La raison pour laquelle il y a tant de consommation abusive d'alcool et de drogue dans notre pays est que, intérieurement, les gens ont peu de substance. C'est parce qu'ils n'ont pas reçu assez d'amour; on ne leur a jamais montré qui ils étaient, quelles étaient leurs forces et leur profondeur, quelles leçons ils pouvaient tirer de leurs chagrins. On leur a plutôt appris que ce qui importe est à l'extérieur: l'argent, les biens matériels, les divertissements de toutes sortes.

Nous sommes une nation d'alcooliques et de drogués, parce que notre civilisation est pauvre spirituellement. Nous pouvons créer des organisations autour de nos divers processus de dépendance, mais jusqu'à présent nous avons été incapables de guérir les privations spirituelles qui en sont à l'origine.

La dépendance est la recherche d'une expérience transcendante. Son processus c'est l'angoisse, et son remède c'est l'amour. Aujourd'hui, cherchez en vous-même – jusqu'au plus profond de votre blessure, jusqu'au plus profond de votre besoin – et tendez la main vers l'amour qui peut vous guérir.

Faire tomber les barrières

Nous avons tous besoin de recevoir plus: plus d'amour, d'attention, de réponse, de conversation, de compliments, de moments agréables, d'empathie, de reconnaissance. Mais plusieurs d'entre nous sont incapables de recevoir les choses dont nous avons le plus besoin. Nous avons peur de savoir de quoi nous avons besoin (après tout ce serait admettre un déficit), et nous avons encore plus peur de l'exprimer.

Mais apprendre ce dont vous avez besoin, c'est commencer à recevoir, et s'il est trop difficile d'identifier ce dont vous avez besoin (parfois nous sommes aussi peu conscients de nos besoins que l'aveugle affamé devant une table de banquet), commencez par identifier ce que vous aimeriez recevoir.

Qu'aimeriez qu'on vous donne? Il peut s'agir de mots, de fleurs, de jours de congé, peu importe ce que vous désirez. Sachez découvrir ce que vous voulez, et tôt ou tard vous le recevrez.

Beaucoup plus grand que l'amour

La vie ne résoudra pas nos peines, ni ne guérira toutes nos blessures, mais l'amour que nous nous permettons de ressentir, de recevoir et de donner sera la chose qui nous restera le plus en mémoire et qui nous aura le plus transformé, quand la fête sera finie, quand la note finale aura été jouée.

Rien, pas même la mort des personnes que nous avons aimées, ne peut nous séparer de l'amour que nous avons partagé avec elles. Parce que l'amour est bien plus fort que la mort, et qu'à la fin nous recevrons encore et encore les plus grands cadeaux de l'amour. Car, bien plus que nous ne pouvons l'imaginer, nous avons été changés par ceux qui nous ont aimés, nous avons été modifiés par eux dans chaque dimension, de sorte que, au centre de nos âmes, ils nous habitent et nous les habitons.

Le sceau de la fidélité

Pour la plupart d'entre nous, le lien sexuel et les vérités et mensonges que nous disons à ce sujet sont ce qui distingue le véritable amour de tous les autres. Parce que nos corps transportent nos sentiments primaires, la plupart d'entre nous ont besoin d'être choisis de façon exclusive pour former le lien profond et durable qui nous nourrit, nous donne de la joie, nous fait sentir passionnément lié à un autre être humain.

C'est pour cette raison que la fidélité sexuelle est le sceau qui marque toute relation profonde. Quand il est rompu, par des mensonges et un comportement malhonnête, il transforme la relation qui a été violée en une sculpture qui, autrefois magnifique, est à jamais détruite par une fissure irréparable.

Nous, qui servons

Nous, qui sommes au service d'autres personnes – parents, professeurs, guérisseurs, amis, êtres humains engagés dans la préservation et la transformation de la planète – nous, qui en avons tant sur les bras, dans le cœur et dans l'esprit, nous devons nous assurer de vivre des intervalles rafraîchissants. Pour être capable de donner un peu de nous-mêmes avec amour, nous avons besoin de l'impact de nouveaux paysages, de nourriture pour nos corps et d'aventure pour nos âmes.

S'aimer soi-même, c'est reconnaître que sa vie et ses énergies sont une coupe qui peut être vidée, et que, pour pouvoir continuer à servir les autres, il faut se nourrir, c'est-à-dire remplir sa propre tasse à intervalles réguliers.

Que pouvez-vous faire pour vous-même, quelle expérience spéciale, quel cadeau ou quel divertissement pouvez-vous vous offrir aujourd'hui pour que demain, ragaillardi, vous soyez de nouveau capable d'aimer ceux que vous avez choisi de servir?

Respectez le fou du roi

Il y a en chacun de nous un fou du roi, un esprit facétieux qui voit la vie avec humour, qui nous distrait de nos malheurs en faisant des pirouettes quand nous sommes aux prises avec un problème épineux ou que nous devons vivre une tragédie.

Rester en contact avec cette malicieuse partie de vous-même, la respecter et la développer, remplira votre vie d'une légèreté d'esprit qui tiendra toutes vos inquiétudes en échec. Mais attention les fous du roi sont timides: ils disparaîtront s'ils ne sont pas applaudis. Alors si vous voulez que le vôtre continue de donner des représentations, n'hésitez pas à rire quand il se met à jongler au milieu de vos larmes, et lancez-lui des confettis en pensée chaque fois qu'il éloigne malicieusement vos problèmes.

L'amour au deuxième degré

Aimer au deuxième degré et être reconnaissant envers ceux qui ont aimé ceux que vous aimez est une merveilleuse façon d'agrandir votre cercle d'amour.

Soyez reconnaissant, par exemple, envers les personnes qui ont aimé votre femme avant que vous la rencontriez: sa mère, son premier petit ami de cœur, l'oncle qui est intervenu pour prendre la place de son père; soyez reconnaissant envers la sœur de votre amie, celle qui l'a aidée à devenir si attentive dans son écoute; chérissez le meilleur ami de votre mari, celui qui a tenu le rôle du frère que votre mari n'a jamais eu; soyez plein de sollicitude pour les amis de vos amis.

Ces gestes de compassion au deuxième degré forment des cercles d'amour qui s'agrandissent toujours davantage. Ils s'étendent au-delà des paysages familiers de nos vies pour créer des hectares de liens. Ils élargissent le cercle sacré de notre propre communauté et nous relient à d'autres cercles d'amour qui se dessinent constamment autour de nous.

Un sentiment de sécurité

Pour être capable de prendre le risque d'aimer, nous devons être en sécurité. Nous avons besoin de nous sentir en sécurité en nous-mêmes – avec nos sentiments et nos histoires, avec nos espoirs et nos conceptions de notre avenir – et nous avons besoin de nous sentir en sécurité hors de nous-mêmes – dans le monde, dans notre travail, avec les gens qui déclarent nous aimer.

La sécurité, intérieure ou extérieure, n'est pas inhérente aux situations que nous vivons ou à nos personnalités intimes. Elle est plutôt un état que nous pouvons développer grâce à nos propres pouvoirs émotifs d'appréciation. Nous parvenons à la sécurité en nous servant de notre sensibilité et de notre jugement.

Alors cherchez à développer votre propre faculté interne de parvenir à la sécurité en vous demandant ce que vous percevez, ce que vous éprouvez et ce dont vous avez besoin, et en répondant franchement. C'est ainsi que votre monde deviendra de plus en plus le lieu de sécurité dont vous avez besoin pour croître et vous épanouir.

Variez votre répertoire

Nous utilisons généralement trois voies pour expérimenter l'amour. Nous aimons entendre des mots d'amour, voir la personne qui excite notre amour, et éprouver les sentiments qui nous permettent de savoir, au plus profond de notre âme, que nous sommes, effectivement, aimé.

Alors aussi bien en aimant qu'en étant aimé, soyez disposé à étendre votre répertoire de moyens d'expression de l'amour; car la personne que vous aimez a peut-être besoin autant de vous toucher que d'entendre votre voix, autant de vous regarder dans les yeux que de vous tenir la main.

Aujourd'hui, prenez une minute pour examiner les divers moyens par lesquels vous pouvez exprimer votre amour. Plus vous trouverez de moyens de livrer l'amour que vous ressentez, plus vous serez comblés profondément par votre propre expérience de l'amour.

Priez pour l'amour

Si vous sentez un grand vide ou un manque d'amour dans votre vie, souvenez-vous que l'amour est une chose que vous pouvez demander. Apaisez votre cœur et votre esprit, ouvrez votre âme, et demandez que l'amour dont vous avez besoin – l'amour qui peut vous toucher et vous guérir – soit merveilleusement livré dans votre vie.

Il ne se présentera peut-être pas sous la forme que vous attendiez, ni au moment que vous souhaitiez, mais, n'en doutez pas, si vous demandez l'amour, de manière inattendue, sans équivoque, par magie, et en toute certitude, il *viendra*.

Faites-le maintenant

Nous n'avons pas un temps illimité – pour tomber amoureux, pour changer nos habitudes, pour régler nos problèmes, pour découvrir ce que nous voulons faire de nos vies. Nous n'avons pas non plus un temps illimité pour dire, faire, sentir, offrir, livrer, partager ou aimer toutes les choses que nous pouvons imaginer dire, faire, offrir à la personne que nous aimons, éprouver et partager avec elle.

Quelle que soit la chose que vous vous proposez de faire, quoi que vous ayez toujours imaginé faire avec la personne que vous aimez, faites-le maintenant. Le temps fuit. Les choses changent. Les histoires ont une fin.

Alors aimez la personne que vous aimez maintenant – pendant le temps qui vous a été accordé pour l'aimer, avec les moyens qui vous ont été donnés pour l'aimer.

La vie elle-même

Comme il nous est facile d'oublier à quel point la vie est précieuse! Aussi loin que nous pouvons nous rappeler, nous avons été là, en vie. Contrairement aux autres choses pour lesquelles nous avons des points de comparaison – le blanc et le noir, le jour et la nuit, le bon et le mauvais – nous sommes si profondément plongés dans la vie que nous ne pouvons la voir que dans son contexte. Nous ne voyons la vie en comparaison avec rien d'autre, avec la non-existence, par exemple, avec le fait de n'être pas né. La vie est, tout simplement.

Mais la vie elle-même est un cadeau. C'est une faveur que de venir au monde: de sentir, respirer, penser, jouer, danser, chanter, travailler, faire l'amour, pendant cette vie particulière.

Aujourd'hui soyez reconnaissant pour la vie. Pour la vie elle-même! D'être né, tout simplement.

Lâchez prise

Peu importe à quel point vous essayez de mettre fin à une relation, celle-ci n'est pas terminée tant qu'elle n'est pas terminée à tous les niveaux pour chaque personne qui y participait. Aussi longtemps que l'un de vous est encore attaché, la relation existe toujours, ne serait-ce que sur un plan imaginaire. Aussi longtemps que vous êtes attaché, par de la peine, de la colère, ou de la déception, à la relation du passé, vous fuyez la joie des relations futures.

Avez-vous encore des choses à régler avec quelqu'un? Regrettez-vous encore le mari qui vous a quitté pour une autre femme? Éprouvez-vous de la colère à l'égard de la femme qui vous a abandonné, vous et vos enfants? Quels que soient les sentiments non résolus que vous nourrissez, ils affectent votre capacité présente d'aimer. Faites-vous une faveur et finissez-en, avec une aide professionnelle si nécessaire.

Un berceau pour nos âmes

Vous ne pouvez faire de plus merveilleux cadeau à un autre être humain que de répondre: à ses larmes, à ses mots, à son contact; à ses espoirs, à ses rêves, à ses prières.

Répondre, c'est s'unir; répondre c'est participer du fond du cœur. Répondre – avec vos mots, avec vos larmes, avec votre cœur, avec vos bras – de n'importe quelle façon, est un moyen de pénétrer à l'intérieur de la souffrance et de la joie et de l'espoir et de la peur et de l'isolement imaginaire que vit une autre personne.

«Je suis désolé d'entendre cela»; «Cela semble horrible»; «C'est merveilleux; je suis heureuse pour vous»; «Vous devez avoir peur»; «Je parie que vous êtes enthousiaste à cette idée»; «Je ne peux pas imaginer comment vous devez vous sentir».

Répondez. Répondez avec votre cœur. Répondez autant que vous le pouvez. Répondez, même si vous ne vous sentez pas à la hauteur. La réponse est le berceau dans lequel, tout doucement, nous berçons nos âmes vulnérables les uns les autres.

Personne d'autre que vous

En devenant nous-mêmes, nous imitons souvent d'autres personnes. Nous tentons de parler, de penser, de nous vêtir, de nous comporter, ou de vivre nos vies de la même façon qu'elles. Nous nous servons de leur exemple; nous suivons leurs traces. En nous cherchant, nous les prenons pour modèles.

Ce processus d'imitation est bon – à certains moments et de façon limitée – dans la mesure où nous nous assurons d'incorporer uniquement les qualités, habitudes et points faibles qui nous conviennent vraiment. Mais nous nous perdons parfois dans le processus, vouant tellement d'admiration à d'autres que nous nous oublions complètement.

Si vous vous êtes perdu dans un dédale de vénérations de héros ou d'admiration d'un gourou, rappelez-vous que vous êtes le modèle, le héros, la vedette du rock, le meilleur exemple pour vous-même. Soyez vous-même – personne d'autre ne pourra le faire mieux que vous.

Transformez vos peurs

En plus de nous apporter du bonheur, les relations incarnent nos peurs spécifiques: l'homme que vous aimez rentre maintenant tard tous les soirs, tout comme votre père; la femme que vous aimez hurle et tempête quand elle a peur et qu'elle est bouleversée, tout comme votre mère. En fait, nos relations actuelles incarnent toutes nos peurs et nos déceptions passées. C'est parce que nous avons maintenant besoin de les revivre et de leur faire face pour découvrir que nous les avons surmontées, que nous sommes plus grands qu'elles.

Ces reconstitutions bouleversantes nous invitent à pénétrer de nouveau dans la forêt de nos vieilles peurs, à confronter les monstres mystérieux de l'obscurité et, après avoir tempêté et pleuré, à revenir vers les douces et rassurantes prairies de notre édification émotive. Grâce à la transformation magique qui peut se produire dans n'importe quelle relation qui a atteint sa pleine maturité, nous pouvons vraiment être guéri.

Quelles peurs votre relation vous invite-t-elle à guérir? Êtes-vous prêt à les confronter?

La perte de votre père

Peu importe quand votre père meurt, sa perte est une expérience très éprouvante, comme le bruit d'un arbre puissant qui tombe dans la forêt. Les pères ont pour rôle de nous protéger, d'être le grand parapluie existentiel, les ailes protectrices géantes sous lesquelles, en toute sécurité, par tous les temps, nous pouvons progresser.

Si votre père vous aimait et vous offrait un toit réconfortant pour protéger votre âme, vous vous sentirez exposé et vulnérable à cause de son absence, comme si, laissé sans protection par son départ, vous deviez faire face aux rigueurs de la vie désormais seul et sans aide. Et s'il ne vous aimait pas ou qu'il vous aimait mal, la grande blessure béante de ne jamais avoir été aimé de lui vous fera souffrir.

Quelle que soit son empreinte sur votre vie, son départ vous laissera vide et changé, mais dans le vide de son décès se présentera une invitation surprenante: celle de découvrir en vous-même votre propre capacité d'engendrer.

De la nourriture pour l'âme

Les mots sont des aliments. Ils nourrissent le moral des désespérés et des déprimés. Ils créent du bonheur. Ils génèrent de l'amour. Ils altèrent la nature de la réalité.

Alors, soyez généreux avec vos mots. Dites aux gens que vous aimez, et même à ceux qui sont des étrangers dans vos murs, les choses merveilleuses que vous éprouvez à leur égard, parce que, en ce qui a trait à l'amour, le monde est plein d'âmes affamées.

L'amour tel qu'il est

Très souvent nous voulons nous accrocher à l'amour, parce que nous pensons que c'est le seul moyen de le garder. Nous voulons tellement le garder que nous l'étouffons, ou alors nous avons si peur qu'il s'en aille que nous le chassons. Mais le truc, c'est de ne pas essayer si fort.

L'amour nous veut autant que nous le voulons, mais il nous veut à ses propres conditions; il vient quand il a envie de venir, en suivant son petit bonhomme de chemin, avec les projets qu'il a en tête.

Alors lâchez prise. Laissez tomber vos espoirs, vos rêves, vos craintes, vos idées sur ce que l'amour aurait dû être ou devrait être maintenant. Oubliez l'amour tel que vous le voulez, de manière que, finalement, vous puissiez le saisir tel qu'il est.

Face à face

Faire l'amour est une forme de vénération pour notre incarnation. C'est une façon de reconnaître avec la présence d'une autre personne et grâce à elle, que nous sommes venus ici sous une forme qui désire l'engagement physique mutuel. En faisant l'amour, nous sommes attirés, nous sommes rattachés, nous sommes comblés. Nous sommes transportés de joie l'un par l'autre, encore et encore.

Faire l'amour c'est du plaisir et de la passion, de la compassion, de l'affection, de l'attention et de la consolation. Mais c'est plus encore. C'est un face-à-face avec la réalité d'être humain, l'esprit captivé par l'être physique. En faisant l'amour nous témoignons notre reconnaissance simplement d'être en vie, de posséder un corps, et de ne pas voyager entièrement seul dans la vie.

Votre guérison

Vous guérir, emprunter le chemin de l'illumination personnelle, quelle que soit la discipline que vous choisissez pour y parvenir – la prière, la méditation, le yoga, la pratique de l'amour, le travail émotionnel intérieur, la danse, la musculation, la psychothérapie – est le plus grand cadeau d'amour que vous puissiez jamais vous faire à vous-même.

Se consacrer à son propre devenir, c'est se consacrer à sa propre guérison. Mettez-vous en présence de votre essence la plus pure, et vous serez livré au plus grand sentiment de joie qu'il vous sera jamais donné de ressentir, l'union du Dieu en vous avec le Dieu dans tous les autres.

Quelques petits pas

C'est difficile d'entretenir l'amour. Nous voulons raffermir les liens qui nous unissent, mais bien souvent nous ignorons comment faire. L'une des raisons est que nous ne nous connaissons pas assez pour être capables d'identifier exactement de quoi nous avons besoin, ou ce que nous voulons.

S'entraîner à savoir de quoi on a besoin, ce que l'on veut, aussi simple que cela puisse paraître, est en fait parfois très difficile. Mais commencez aujourd'hui, en faisant quelques pas seulement.

Que souhaiteriez-vous recevoir de la personne que vous aimez? Aujourd'hui? Avant la fin de l'année? Qu'est-ce que vous aimeriez donner à la personne que vous aimez? Est-ce qu'il ou elle aimerait le recevoir? Êtes-vous prêt à le demander pour savoir?

Éprouvez-vous un besoin, tout à fait étranger à la personne que vous aimez, que vous aimeriez voir satisfait? Si vous avez réussi à poser toutes ces questions, vous avez bien commencé. Maintenant, si vous le pouvez, continuez demain.

L'amour, l'Essentiel

Nous avons tous besoin de la bénédiction de l'amour. Que nous ayons ou non le bonheur d'avoir à nos côtés une âme sœur passionnée pour la vie, nous avons tous besoin d'être aimés par quelqu'un ou quelque chose: animaux domestiques, père et mère, frères et soeurs, étrangers, amoureux, oncles et tantes, grands-mères, femmes de ménage, nou-nous, chiots, chatons ou chats. (J'ai un ami qui dit qu'il va bien, parce que son poisson rouge l'aime.)

L'amour revêt plusieurs formes, et quelles que soient ses manifestations nous avons besoin de le recevoir, de nager dans sa bénédiction, de l'accueillir. L'amour est la force vitale. Sans amour, nous mourons.

Où est l'amour dans votre vie?

Le pouvoir de la vérité

Quand vous vous sentez incapable de dire la vérité à la personne que vous aimez, c'est parce que, d'une façon ou d'une autre, ensemble ou séparément, vous avez laissé le mensonge entrer dans vos vies.

Le mensonge consiste à taire et à ne pas risquer, aussi bien qu'à dire des petits mensonges pieux ou des gros mensonges horribles. Quand le mensonge fait son entrée, il établit ses droits sur l'intégrité de votre relation et la dirige graduellement dans la direction de l'inauthenticité et de la séparation.

Si vous voulez être en union et aimé, cherchez la vérité, recevez la vérité et dites la vérité; parce que la vérité est au centre de l'amour, c'est en fait le noyau.

L'amour change le temps

Dans la vie et au travail, nous avons des heures, des minutes, des projets et des obligations. Mais l'amour arrête le cours du temps. L'amour c'est un temps hors du temps. L'amour nous permet de mesurer les choses non pas selon ce que nous avons fait, devons faire, ou ferons tôt ou tard, mais en termes de béatitude – comme si nous étions suspendus dans un état où le temps et les obligations n'ont aucune pertinence.

C'est l'un des plus grands cadeaux de l'amour: il nous met en contact avec l'éternel infini; il nous fait connaître la beauté de l'intemporalité.

De quelle façon pouvez-vous laisser l'amour que vous ressentez, qui vous est donné par les personnes qui vous aiment, vous soustraire, ne serait-ce que pour un moment très court, aux pressions accablantes du temps?

Respect de soi

Vous aimer vous-même signifie respecter vos limites aussi bien que célébrer vos forces, vous pardonner vos fautes, aussi bien qu'admirer vos vertus.

Vous aimer vous-même, c'est vous accueillir tel que vous êtes aujourd'hui, avec toutes vos imperfections, vos faiblesses et vos blessures. Aujourd'hui. Tout de suite.

Aimer, c'est vénérer Dieu

Aimer un autre être humain, c'est vénérer Dieu dans la forme humaine, c'est être saisi de respect devant le fait qu'en chacun de nous existent non seulement une psychologie et une personnalité, non seulement des habitudes et des histoires, non seulement des préférences et des prédilections, mais également un esprit mystérieux qui nous habite tous, l'essence divine qui, par l'incarnation, a emprunté la dimension humaine.

Alors quand nous aimons, nous ne célébrons pas seulement un autre être humain, nous vénérons le dieu qui est en lui. Qui que vous aimiez, quelle que soit la qualité ou la configuration de votre relation, cherchez à honorer, à reconnaître et à célébrer la présence de la dimension divine dans la personne aimée.

Une entreprise qui en vaut la peine

Se connaître soi-même est la seule entreprise personnelle valable. Si vous ne vous connaissez pas, vous vivrez toute votre vie comme si vous étiez quelqu'un d'autre, sans vraiment obtenir les choses qui pourraient réchauffer votre cœur ou remplir votre âme, sans avoir l'amour qui pourrait répondre à vos besoins, sans accomplir les choses qui refléteraient honnêtement vos talents.

Se connaître, c'est le roc sur lequel on construit la maison de sa vie. On commence par la question la plus simple: qu'est-ce que je veux, ou qu'est-ce que je ressens en ce moment même? Puis on progresse à travers toutes les questions et les réflexions qui, peu à peu, nous révèlent les raffinements complexes de notre être.

Alors connaissez-vous. Vous êtes la seule personne qui puisse être vous-même. Vous êtes la seule personne qui puisse consciemment et délicatement découvrir qui vous êtes, la seule personne qui puisse vivre votre vie très spéciale.

L'atmosphère d'intimité

Nous recherchons tous l'intimité, ayant vaguement l'impression que c'est quelque chose de merveilleux, quelque chose qui pourrait nous apporter tout un monde de bonheur si seulement nous pouvions l'atteindre. Mais l'intimité n'est pas un état auquel on parvient et dans lequel on s'installe; c'est plutôt une atmosphère émotionnelle que nous devons constamment et consciemment créer ensemble.

L'intimité se crée avec des mots qui expriment la proximité émotive que vous ressentez et la proximité que vous désirez, avec des gestes et des contacts tendres qui vous rapprochent subtilement de la personne que vous aimez, avec l'ouverture du cœur qui vous permet de donner et de recevoir.

L'intimité est un trésor précieux et, comme bien d'autres trésors, cachés ou enterrés, il faut le chercher.

Créer une aventure

La plupart des gens ne savent pas comment créer une union qui soit une véritable aventure. Ils vivent plutôt leur relation comme si c'était un récipient, une boîte à chapeau qui contient une vieille romance.

Le confinement est l'antithèse de l'aventure, et une relation ne peut être une aventure que si les deux personnes qui la vivent sont folles l'une de l'autre, et qu'aucune des deux ne demande à l'autre de changer. Il est aussi important de se rappeler que ce qui est excitant c'est de s'ouvrir à l'inattendu, non seulement quant au lieu où la relation nous conduit, mais également quant à ce que chacun devient grâce à elle.

Alors si vous voulez que votre relation soit vraiment une aventure, soyez ouvert au moment, à la découverte de la personne que vous aimez, tandis qu'elle se dévoile continuellement, avec éloquence; ne passez pas votre vie à vous souvenir comment c'était avant ou à essayer de retrouver l'autre tel qu'il était autrefois.

Masculin et féminin

Il y a en chacun de nous des éléments masculins et féminins. Notre côté émotif, réceptif et sensible, qu'on croit souvent féminin, nous porte à faire certaines choses, tandis que nous en faisons d'autres selon une perspective autoritaire, logique, analytique, typiquement masculine.

Être en contact avec vous-même signifie que vous reconnaissez, respectez et célébrez non seulement les traits qui reflètent votre genre biologique, mais également les qualités qui sont traditionnellement attribuées au sexe opposé.

Aujourd'hui, observez avec intérêt et enthousiasme vos allées et venues entre les aspects masculins et féminins de votre personnalité.

La nourriture pour l'âme

Préparer un repas, amener la personne que l'on aime au restaurant, lui passer un morceau de notre assiette, lui porter une friandise à la bouche, voilà autant de façons délicieuses de nous nourrir les uns les autres.

Pour chacun de nous, la nourriture est la source de la subsistance, le fondement de la vie, et quand nous offrons ce cadeau à la personne que nous aimons, nous ne nourrissons pas seulement son corps, nous nourrissons également son esprit.

Recevez – et donnez – la nourriture de votre vie en reconnaissant la puissance de ce cadeau.

Donner un sens

Nous pouvons considérer tout ce que nous faisons ou omettons de faire, tout ce qui nous arrive et devient une partie de nous-mêmes comme des événements signifiants ou insignifiants qui se produisent dans un univers dont le fonctionnement est aléatoire et dépourvu de sens.

Essayer d'identifier le but et de comprendre la leçon, décoder le message, croire que ce que vous avez fait, ce que vous ferez, ce qui vous arrive, ce que vous créez ou imposez vous-même, répond à un but précis, c'est chercher à donner un sens.

Considérer que la vie, le monde et toutes vos actions ont un sens, c'est une façon de reconnaître que, dans son centre, au cœur de son intention et dans toutes ses manifestations, l'univers forme un tout, et qu'un amour irrésistible le nourrit.

Certaines plaies sont éternelles

Aussi résistants qu'ils soient, nos enfants ne pourront pas se remettre de toutes les blessures que nous leur infligeons, consciemment ou inconsciemment. Certaines blessures bénignes guériront, parce que notre sensibilité de parents nous permet de les découvrir et d'y appliquer tôt ou tard les bandages appropriés. Certaines autres seront guéries par des amis et des étrangers qui sembleront venir de nulle part uniquement pour soulager les souffrances que nous avons causées.

Mais les coups et les égratignures de l'enfance ne disparaîtront pas tous. Les parents peuvent causer des torts irréparables. Les parents consciencieux doivent se rappeler que certains outrages émotionnels et spirituels – critiques impitoyables, jugements sévères, promesses non tenues et trahisons répétées à l'infini – peuvent avoir des conséquences graves dans leur relation avec leur enfant: ils peuvent non seulement se faire claquer la porte au nez, mais, sans même qu'ils s'en rendent compte, la clé peut être perdue à jamais.

Quand vous vous sentez incapable d'aimer

Sans en avoir l'intention, nous nous laissons parfois aller à la critique, à la mesquinerie, à la froideur. Les circonstances de notre vie se liguent contre nous et nous épuisent. Nous sentons le vieux désespoir de certaines de nos déceptions refaire surface. Quelqu'un nous a jugé, et, dans nos cœurs, il n'y a plus de place pour la gentillesse, aucune possibilité d'accueillir avec bonté l'esprit d'un autre être humain. Quand vous vous sentez perdu dans un abîme d'insensibilité – quand vous vous énervez, quand vous êtes sarcastique, quand vous claquez les portes – vous devez reconnaître ces manifestations comme des indices du fait que vous avez cessé de vous aimer vous-même. Vous avez cessé de vous regarder avec la compassion que vous pourriez aussi témoigner aux autres, si seulement vous pouviez renouer avec elle.

Alors faites-vous aujourd'hui une obligation personnelle de vous accorder à vous-même une attention toute spéciale, et considérez cela comme une responsabilité morale permanente. Parce qu'en vérité nous ne pouvons aimer notre prochain que quand nous pouvons d'abord nous aimer nous-mêmes.

Variété et abondance

Les amitiés sont aussi variées que les fleurs dans un jardin. Certaines, à peu près sans aucune provocation, éclosent, fleurissent brièvement, puis se fanent et meurent. D'autres, plus capricieuses, ont besoin de soins constants pour fleurir graduellement, et leurs couleurs d'abord pâles s'intensifient lentement avec le temps. D'autres encore fleurissent seulement une fois dans la saison et, après la floraison, dorment jusqu'à ce que le soleil du printemps les éveille de nouveau. Certaines ont même besoin d'être taillées régulièrement.

Il en est de l'amitié tout comme des fleurs: la variété est un gage de plaisir. La variété et l'abondance de nos amitiés en font un jardin qui remplit nos cœurs et réjouit nos sens pour la vie.

Conscience psychologique

Une partie du processus qui vous conduit à vous aimer vous-même consiste à développer une conscience psychologique, c'est-à-dire à prendre conscience que vous êtes un être sensitif constamment affecté par vos émotions et par votre histoire. Cela signifie envisager la vie non seulement en fonction des événements qui surviennent – il a plu; mon père est mort quand j'avais sept ans; Jean s'est cassé le bras – mais en fonction de ce que vous ressentez: la pluie me rend triste; j'ai toujours eu honte de ne pas avoir de père; j'ai peur, parce que Jean a été sérieusement blessé. La conscience psychologique permet de reconnaître que la vie a des ressorts cachés, que les événements qui surviennent ne nous affectent pas seulement de façon passagère, mais façonnent profondément notre personnalité.

Si vous n'êtes pas en contact avec votre conscience psychologique, prenez le temps de faire connaissance avec elle maintenant en commençant à prêter attention à vos pensées, à vos rêves, à vos émotions; en faisant des lectures sur le sujet; et, par-dessus tout, en commençant à reconnaître qu'elle est toujours là.

Amusez-vous

Nous avons tous assez de travail dans nos vies – du travail sur nos émotions, du travail de maison, du travail professionnel, le travail que nous aimons et le travail que nous faisons pour bien vivre notre vie. Mais nous avons rarement assez de loisirs – de distractions, de divertissements, d'amusements, tout simplement de plaisir.

Avoir du plaisir, savoir ce qui vous fait plaisir à vous, et trouver le temps de vous donner du plaisir est parfois l'une des tâches les plus ardues qui s'imposent dans une bonne relation. Mais il est vital d'identifier ce que vous aimez faire, et puis de le faire. Le plaisir est le moyen de vous retrouver l'un l'autre. Le plaisir est ce qui donne du piquant à votre vie.

Faites une promenade. Jouez au golf. Passez un après-midi au lit. Faites une excursion en montagne, faites du camping, allez à la foire. Amusez-vous.

L'amour prend du temps

Formuler l'amour de telle façon que nous puissions l'exprimer et le goûter dans une relation prend du temps – le temps nécessaire pour nous connaître, le temps nécessaire pour communiquer avec un autre être humain, le temps nécessaire pour se familiariser avec les types d'émotions et de comportements d'une autre personne et pour y devenir sensible.

L'amour ne survient pas tout simplement, et il ne s'entretient certainement pas lui-même sans l'aide d'efforts subtils et complexes. Les mots, les gestes, les exigences, les découvertes et les responsabilités de l'amour demandent plus de temps que nous pouvons l'imaginer et comportent des récompenses bien plus grandes que dans nos rêves les plus fous.

Alors donnez-vous du temps. Ne doutez pas que vous puissiez être un bon apprenti, un bon ouvrier de l'amour. Aujourd'hui, demandez à la personne qui vous aime de vous indiquer ce que vous pouvez faire de plus, de vous montrer une nouvelle façon par laquelle vous pouvez développer votre capacité d'aimer.

Ne faites pas circuler

Vous souvenez-vous quand vous étiez à l'école et que l'enfant derrière vous vous tendait un papier tout froissé sur lequel était écrite une blague idiote en vous demandant de le faire circuler? Vous étiez censé être dégoûté et faire circuler le papier pour que quelqu'un d'autre soit dégoûté.

Quand la vie s'en prend à nous, nous faisons souvent passer cela en nous en prenant à ceux qui nous entourent. De légers manques de bienveillance sont parfois inévitables, mais nous devons nous rappeler que rien de ce qui nous a été fait ne peut être légitimement reporté sur quelqu'un d'autre.

Vous ne pouvez pas engueuler votre femme, parce que votre patron vous a engueulé. Vous ne pouvez pas donner la fessée à vos enfants, parce que le plombier n'est pas venu. Nous avons tous la responsabilité de résoudre, en nous limitant à notre personne, les agressions que nous avons subies. Nous pouvons demander de l'aide, nous faire consoler. Mais il n'est jamais bien de simplement le faire circuler.

Du courage moral

Quand nous avons blessé ou offensé quelqu'un, nous éprouvons un grand nombre de sentiments. Parmi eux se trouvent la honte, l'embarras, le dégoût de soi, et plus souvent qu'autrement le désir, comme me disait un ami, de simplement «prétendre que rien ne s'est passé».

Pour être en paix avec nous-mêmes et avec ceux que nous aimons quand nous violons l'esprit d'une autre personne, nous devons résoudre notre conflit intérieur. La honte, le dégoût de soi et l'oubli ne solutionnent pas le problème; ils ne font que renforcer les sentiments négatifs. Seul le pardon est régénérateur. C'est pourquoi, peu importe ce que vous avez fait, peu importe que vous ayez prononcé des mots ou posé des gestes méprisables, vous devez avoir le courage de demander pardon. Le pardon fait plus que simplement effacer la terrible chose que vous avez faite; c'est un acte de courage moral, un processus de re-création personnelle.

De quelle chose, petite ou grande, avez-vous besoin qu'on vous pardonne? Avez-vous le courage de demander pardon?

Le gazon n'est pas plus vert

Bien des gens s'imaginent que la vie des autres est merveilleuse, alors que la leur est désespérément tissée de cauchemars, de chagrins, de déceptions et de déviations de la norme. Quand on se met dans cet état d'esprit, il est très facile de cesser de ressentir toute forme de compassion pour les autres êtres humains.

Quand vous vous sentez glisser dans cet état inutile et inhumain, rappelez-vous que tout le monde souffre. Chacun a des souffrances qui tout simplement vous bouleverseraient si vous preniez la peine de vous en informer. Soyez-en conscient, et, si vous en avez le courage, faites un pas de plus. La prochaine fois que vous vous sentirez dépassé, demandez à la première personne «normale» que vous rencontrez quelle est la chose la plus difficile à laquelle elle doit faire face au moment où vous lui parlez.

Puis écoutez, remarquez comme votre cœur se gonfle de compassion et, quand vous aurez redécouvert que vous n'êtes pas seul, époussetez votre carte de membre de la condition humaine.

Fiez-vous à votre intuition

L'intuition, ces vagues petits tiraillements mentaux qui vous font croire à l'avance que quelque chose de merveilleux ou d'affreux est sur le point de se produire, est un cadeau qui nous a été donné à tous à un degré ou un autre. Notre intuition est précieuse; c'est une chose sur laquelle nous devons apprendre à compter. Quand nous nous fions à notre intuition, nous validons une partie très spéciale de notre appareil sensitif.

Faire confiance à notre intuition, c'est rendre honneur à notre dimension spirituelle, parce que l'intuition fonctionne en dehors de notre champ normal de perceptions et représente le mystique en nous. Quand nous nous y fions, nous nous ouvrons à des niveaux supérieurs de compréhension et de bien-être. Quand nous l'ignorons ou que nous la ridiculisons, nous limitons l'étendue de notre être. Plus vous vous en servirez, plus elle se raffinera. Fiez-vous à votre intuition, et vous verrez votre vie s'épanouir sur le plan mystique.

L'amour vous libérera

L'amour a des exigences envers nous, particulièrement quand nous l'exprimons sous la forme d'une relation intime. Mais l'amour lui-même est l'incarnation de la liberté, et quand nous éprouvons l'amour, quand nous le donnons, quand nous l'avons et quand nous le vivons, nous savons au plus profond de notre âme que nous sommes libres d'être tout ce que nous rêvons, désirons et imaginons être, et d'être tout ce que nous sommes. Alors nous devons toujours exploiter les possibilités de nos relations intimes pour trouver l'amour qui est l'ultime expression de la liberté.

Manifestations d'affection

Quand nous avons atteint suffisamment de maturité pour nous offrir le luxe de faire l'amour, il peut nous arriver d'oublier ou de négliger les plaisirs de la simple affection – se serrer dans les bras l'un de l'autre et s'embrasser, se tenir les mains, se prendre par le cou, se blottir l'un contre l'autre pendant notre sommeil, s'asseoir sur les genoux de l'autre, passer la main dans ses cheveux.

Si le sexe est le champagne de l'amour, l'affection en est le chocolat chaud. En se livrant aux pures délices de l'affection, nous réchauffons nos corps et contentons nos cœurs.

S'en ficher

Quand nous sommes blessés, nous tentons parfois de nous dire à nous-mêmes que cela nous est égal, que nous nous fichons: de la personne qui nous a ignoré, du prix que nous n'avons pas gagné, des choses mesquines qui ont été dites ou faites, des mots cruels qui ont été prononcés inconsidérément.

S'en ficher, c'est une façon de cesser de vivre graduellement, parce qu'en essayant de nous en ficher nous retranchons imperceptiblement nos sentiments; ainsi nous ne ressentons plus de curiosité, plus de bonheur, plus de tristesse, plus de colère, plus d'amour, et nous ne nous sentons plus aimés.

La façon de vivre un chagrin est de le tenir tout près et de l'éprouver, de verser les larmes qui vont le nettoyer et le chasser. S'en ficher conduit à l'indifférence *réelle*, et on finit par ne plus vivre du tout. Alors, soyez sensible! Éprouvez votre chagrin, pleurez et guérissez. Pour que vous puissiez redevenir sensible. Pour que vous puissiez vivre. Pour que vous puissiez aimer.

Quelqu'un à vos côtés

Notre solitude existentielle, le fait que nous sommes nés et que nous mourrons éventuellement seuls, provoque en nous un profond désir de compagnie, un besoin d'avoir une présence à nos côtés dans notre lutte contre les complexes vicissitudes de la vie. Bien que nous soyons tous responsables de nous-mêmes, bien qu'en un certain sens nous voyagions seuls, avoir de la compagnie rend notre chemin plus aisé à parcourir.

Si vous avez le bonheur d'avoir un partenaire, reconnaissez votre chance; éprouvez-en de la gratitude. Parce que la simple présence de quelqu'un, qu'elle soit familière et constante, qu'elle soit parfois irritante, n'est pas un cadeau, mais, véritablement, un miracle. Et si vous cherchez encore une personne qui puisse être à vos côtés, rappelez-vous de le demander consciemment, parce que ce que nous demandons fortement, un jour, nous l'obtiendrons.

S'accrocher et renoncer

Nous avons tous dans nos vies des choses auxquelles nous souhaitons renoncer et d'autres auxquelles nous tenons beaucoup. Il y a des expériences, des gens, des possessions, des habitudes, des points de vue que nous voulons ancrer plus profondément dans nos vies, et d'autres qui semblent prendre trop de place.

Prenez aujourd'hui quelques minutes pour dresser une liste, de préférence par écrit, des choses dans votre vie auxquelles vous aimeriez renoncer: habitudes, souvenirs, attitudes, possessions, opinions, personnes. Faites-le rapidement et spontanément, et, quand vous aurez fini, rédigez sur le même papier une liste des choses dans votre vie qui nourrissent grandement votre esprit, des choses, personnes, expériences, points de vue et façons d'être que vous voulez saisir ou garder plus près de vous.

Pas de temps perdu

Dans une relation, la notion de temps perdu n'existe pas. La femme qui veut se marier et soutient qu'elle «perd du temps», parce que son partenaire ne la demande pas en mariage, et l'ex-mari contrarié qui prétend avoir «perdu vingt ans» avec la femme de qui il vient de divorcer, sont tous deux enfermés dans une conception très limitée – et limitative – des relations.

Toute relation a une valeur; toute expérience que nous vivons en conjonction avec un autre être humain est justement cela: une expérience. Nous devenons qui nous sommes, nous nous développons et nous nous raffinons, nous nous préparons à la réalisation de nos plus hautes destinées à cause du temps que nous «perdons» avec d'autres êtres humains.

Toute relation enseigne; toute relation, quelles que soient les difficultés et les déceptions qu'elle comporte, et peu importe son éventuelle dissolution, est d'une valeur inestimable.

Grandes exigences

L'amour n'est pas une panacée ou une mêlée générale. Ce n'est pas le lieu où l'on traîne pour attendre notre dû. L'amour est une œuvre de grande envergure, une entreprise qui demande beaucoup d'énergie. Après la lune de miel viennent les transformations majeures; après les roses vient le travail ardu.

Quand vous demandez l'amour, vous demandez d'être transformé dans toutes les dimensions de votre être, de transcender les frontières personnelles, sociales, culturelles et même les frontières entre les sexes, les règles et les définitions. Vous êtes appelé à découvrir, par ce que l'amour vous demande et vous donne, ce qu'il y a de plus profond en vous-même, ce qui restera vrai par-delà le temps.

Êtes-vous prêt à vous ouvrir aux grandes exigences de l'amour?

Obtenir une audience

Dans toute relation, chacun essaie de se faire entendre, et pour la plupart d'entre nous c'est très difficile, pas seulement parce qu'il est ardu d'amener les autres à nous écouter, mais parce que nous avons nous-mêmes souvent bien du mal à trouver les mots et les moyens grâce auxquels nous pouvons nous faire entendre.

Aujourd'hui, essayez d'identifier une petite ou une grande chose – une seule – à propos de laquelle vous souhaiteriez être entendu par la personne que vous aimez. Écrivez votre message, si vous le croyez nécessaire, sur un petit bout de papier. Puis choisissez un moment calme pour demander à la personne que vous aimez de vous donner la possibilité de dire ce que vous avez à dire et d'être entendu, quelle que soit sa réaction intérieure.

Cela s'appelle obtenir une audience. Et une fois que vous l'aurez fait, particulièrement si vous sentez qu'on vous a écouté et qu'on vous a répondu, vous verrez que c'était la première étape à franchir pour être toujours entendu par la suite.

Suivre le courant

Les relations passées non finies embrouillent notre capacité de recevoir l'amour qui vient vers nous maintenant. Elles brouillent nos miroirs, déforment notre image, pervertissent notre perception et nous amènent à croire qu'il ne peut y avoir pour nous de nouvel amour.

Pour être dans le présent face à l'amour, c'est-à-dire ouvert à l'amour qui se présente à vous maintenant, vous devez être prêt à traverser les étapes de nettoyage, de guérison, de deuil et de reconnaissance, pour que le passé soit livré au passé et que vous vous retrouviez dans le présent.

Qu'est-ce qui vous reste encore à régler en ce qui a trait à vos relations passées? Pensez à la colère et à la peine dissimulées, aux peurs non reconnues, à la gratitude non exprimée que vous avez besoin de formuler pour vous ramener dans le présent avec votre amour.

Le calice de douleurs

Comment pouvons-nous aimer les personnes que nous aimons quand elles traversent une période difficile – dépression, mécontentement, épuisement émotionnel causé par des deuils, des déceptions qui sont cruels ou insupportablement injustes?

Nous avons tendance à les ignorer, parce que nous nous sentons impuissants, à attendre que la période difficile se termine, à espérer que le problème passera, ou, si nous tentons de faire quelque chose, à essayer de nier que le malheur soit arrivé. Plutôt que de témoigner de la compassion, nous disons d'une voix encourageante que ce n'est pas si terrible ou que les choses devraient bientôt s'améliorer.

Mais ce sont là des mesures superficielles. Pour être avec les autres dans leurs souffrances, nous devons accepter de nous joindre à eux, de boire un peu de leur calice de douleurs, sachant que même si nous ne pouvons pas leur retirer le calice des lèvres, son goût sera moins amer parce que nous avons accepté de boire une partie de son contenu ensemble.

Exprimez votre mécontentement

Il y a trois façons de traiter les gens qui vous ont offensé: prendre note de l'offense et vous taire; exploser et attirer sur vous une attention négative; ou dire ouvertement et clairement ce que vous ressentez par rapport à ce qu'ils vous ont fait.

Ne pas dire un mot peut vous conduire à exprimer votre ressentiment de façon détournée plus tard (en arrivant en retard pour le dîner d'anniversaire, en «oubliant» de remettre l'argent que vous devez). Faire une scène peut donner à penser que c'est vous qui avez un problème.

Mais être direct vous permet d'être respectés tous les deux. Vous vous respectez en révélant les limites de ce que vous pouvez accepter, et vous respectez l'autre personne en l'invitant à devenir plus consciente des effets de sa conduite.

Bref, aviser quelqu'un que son comportement est inacceptable est une façon de l'encourager à changer, à mettre en valeur les qualités de sa personnalité.

La peur de la solitude

L'une des choses qui nous effraient le plus, c'est la solitude. Nous craignons ces moments, ces jours, ces situations où nous n'avons ni compagnie, ni distraction, où il n'y a personne d'autre pour retenir notre attention loin de... nous-mêmes.

La peur de la solitude est vraiment la peur de nous retrouver face à nous-mêmes, la peur que, en nous retrouvant seul avec nous-mêmes, nous devions faire face à un grand vide. La vérité, c'est que la solitude peut être un état profond et créatif. Là où nous craignons de ne rien trouver, nous pouvons en réalité découvrir beaucoup: la vérité de nos âmes, nos sentiments, nos souvenirs et nos désirs, notre paix intérieure, notre douce union avec tout le monde et avec toutes choses.

Alors n'ayez pas peur de la solitude. Permettez-vous de la visiter. Laissez-la vous habiter et vous faire bénéficier d'une connaissance plus profonde de vous-même.

Votre corps, une carte géographique

Nos corps sont les cartes géographiques de nos vies, et ils portent des indications sur les étapes que nous avons traversées. Ils révèlent le prix que nous avons payé pour ce que nous avons appris: les maux de dos, les broches dans la cheville, la mâchoire refaite. Dans ce processus, nos corps ne demeurent pas nouveaux à l'infini; ils portent les cicatrices des épreuves subies par nos esprits, et à la fin ils se décomposeront, parce que notre esprit aura complété son voyage.

Alors chérissez votre corps, comme la pierre de Rosette qu'il est, le tableau noir sur lequel l'histoire de votre vie a été écrite. Chérissez les cicatrices, prenez note des significations diverses des changements et des marques, et, plutôt que d'essayer désespérément de préserver votre corps tel qu'il était quand vous étiez jeune, acceptez les changements comme le reflet d'une vie richement vécue.

Les bonnes choses sont aussi réelles

Nous avons presque tous vécu suffisamment de déceptions et de chagrins accablants dans nos vies pour avoir l'impression, à un moment ou un autre, que seuls les malheurs sont réels. Nous connaissons tous des disciples de l'école de pensée selon laquelle «Il y a toujours quelque chose qui ne va pas», des gens dont la conception du monde consiste à croire que la vie est horrible, qu'elle est uniquement faite de souffrances et de douleurs.

Croire que les bonnes choses existent aussi, soutenir la vie malgré les difficiles leçons qu'elle comporte, accueillir ses joies et célébrer ses myriades de petites merveilles et de curiosités innombrables, s'émerveiller de sa beauté, c'est un acte de foi. En fait, c'est le propos de la vie elle-même: nous devons nous permettre de l'aimer et de la recevoir comme un acte d'amour, un cadeau de grâce.

Faites l'éloge de la personne que vous aimez

N'ayez pas peur de faire l'éloge de la personne que vous aimez, d'ouvrir la bouche et de dire toutes les choses merveilleuses que vous ressentez dans votre cœur:

«Ton courage me donne de l'espoir.»

«Ton honnêteté m'inspire de la confiance.»

«Ta gentillesse me réconforte.»

«Ton énergie me donne de l'énergie.»

«Je te remercie d'être entré dans ma vie.»

Louangez, louangez aujourd'hui la personne que vous aimez.

Montrer la voie

L'une des tâches dont nous devons nous acquitter dans la vie consiste à transmettre les leçons que nous avons apprises à ceux qui nous suivent. C'est une fonction naturelle pour les parents, pour les grands-mères et les grands-pères intéressés, ou pour les professeurs consciencieux.

Mais nous pouvons également assumer cette fonction à l'égard de toute personne plus jeune qui croise notre chemin. Quand nous prenons quelqu'un sous notre aile – un collègue de travail, un compagnon de voyage, l'ami de l'un de nos enfants – et que nous leur accordons une attention affectueuse, que nous leur donnons des indications, ou que nous leur donnons l'exemple, nous partageons avec eux les bénéfices de notre expérience de la vie et de l'amour. Nous leur montrons ainsi la voie, et en permettant que leur soit transmis l'amour qui nous a formé, grâce à des cercles qui s'élargissent constamment, nous influençons le monde.

Entre vous et l'amour

Entre vous et l'amour que vous désirez se dressent plusieurs barrières, dont certaines viennent de vous. Ceci est vrai, que vous soyez à la recherche d'une relation, ou que la pleine intensité de l'amour vous échappe dans la relation que vous vivez.

Pour commencer à faire tomber les barrières, posez-vous les questions suivantes: Qu'est-ce qui, dans ma situation actuelle, me retient d'expérimenter l'amour dont j'ai besoin? Quelles habitudes, quels engagements périmés, quelles relations inutiles ou malsaines m'empêchent d'avoir accès à l'amour que je veux? (Énumérez-les et faites-en une description.)

Quelles attitudes face à l'amour devrais-je changer? (Par exemple, la notion que l'amour est réservé aux autres.) À quelles peurs dois-je faire face? Quels souvenirs dois-je guérir?

Et finalement, quels sont, exactement, les mots que je dois prononcer afin de concentrer mes intentions sur l'amour de façon si parfaite que je recevrai précisément l'amour dont j'ai besoin?

Voir et être vu

La personne qui vous aime non seulement vous voit, mais elle vous montre à vous-même. Cela signifie qu'en amour vous serez constamment confronté à des reflets, des réactions, des images, des affirmations et des confirmations de vous-même. Et un jour ces réflexions vous permettront véritablement de voir qui vous êtes.

Cette «vision» se présentera sous plusieurs formes: mots, regards, gestes de la main, cadeaux, surprises, souvenirs, espoirs et rêves.

Comment voulez-vous que l'on vous voie? Pouvez-vous laisser la personne qui vous aime voir en vous plus profondément? Que pouvez-vous dire, faire, donner, ou demander pour que la personne que vous aimez sente que vous la voyez réellement?

Honorez vos besoins

Être conscient de vos besoins est une forme d'amour pour vous-même. Plusieurs d'entre nous ont appris à ignorer leurs propres besoins, à placer les besoins des autres devant les leurs, à traiter leurs besoins comme s'ils étaient embarrassants ou honteux et devraient être supprimés.

Nous avons besoin entre autres: de nous nourrir, d'accorder à notre corps les soins et la protection nécessaires, d'avoir de la compagnie pendant notre voyage, de procurer la paix à notre âme délicate. Mépriser ou ignorer vos propres besoins, qu'ils soient communs ou extraordinairement uniques, c'est vous traiter comme si votre existence était une blague, comme si vous n'étiez pas digne des bienfaits de la vie.

Alors si vous avez enseveli vos besoins sous ceux d'autres personnes, ou si vous n'avez pas encore fait leur connaissance, prenez le temps de faire une liste de certains besoins que vous éprouvez maintenant. Puis voyez comme votre inconscient vous permet graduellement de les satisfaire.

Chérir le moment

Le moment que vous vivez est exquis en ce qu'il est unique. Il ne s'est jamais produit auparavant. Il ne se reproduira jamais.

Peu importe ce que vous faites – vous écrivez un livre, vous regardez le coucher du soleil, vous embrassez la personne que vous aimez, vous arrosez les plantes, vous faites l'amour – laissez-vous imprégner profondément de l'expérience. Parce qu'être dans le moment, c'est être pleinement vivant, c'est reconnaître dans chacune de vos cellules que la vie elle-même, le temps, les nuages, les talents que vous possédez, les gens que vous aimez sont uniques et absolument exceptionnels.

Vivre dans le moment c'est vivre. Vivez maintenant!

Avec vous-même

Quand nous pensons aux relations, nous pensons généralement aux relations que nous avons avec d'autres personnes, une sœur ou un frère, un parent, un amoureux, un ami. Mais il existe une relation tout à fait unique avec une personne spéciale que nous oublions souvent: la relation avec nous-mêmes.

Cette relation se forme par l'attention consciente que nous concentrons sur nous-mêmes. Nous découvrons en elle qui nous sommes, ce que nous aimons et n'aimons pas, ce qui nous émeut et nous touche, quels sont nos chagrins, nos espoirs, quelles sont les nombreuses personnes et la multitude d'expériences qui nous ont formé, ce que nous voulons de la vie et ce que nous voulons de nous-mêmes.

Ce que nous retirons de cette relation, c'est la profondeur et la qualité de l'expérience. Nous faisons la connaissance d'une personne de l'intérieur; nous découvrons la beauté complexe et exquise d'un être humain unique, la magie de notre être.

Liés à jamais

Vous êtes profondément lié à toute personne que vous avez aimée, ou dont l'amour a changé votre vie, peu importe que la relation se modifie ou prenne fin, peu importe que vous soyez séparés par le temps, la distance, l'expérience, ou même la mort.

Ce que vous devenez parce que vous aimez et avez été aimé durera pour toujours; les changements qui se produisent en vous sont imprimés dans la moindre molécule de votre être.

À qui êtes-vous lié à jamais?

Les parents ont besoin des enfants

Nous avons tendance à présumer que l'art d'être parent – le don désintéressé d'amour, de soins, de conseils, d'instruction, de support émotionnel et financier – est un état naturel et hautement satisfaisant pour tous les parents. Mais ce n'est tout simplement pas le cas. Peu d'entre nous ont bénéficié de suffisamment de générosité de la part de leurs parents pour avoir la capacité de donner eux-mêmes de façon totalement désintéressée. En fait, plusieurs d'entre nous au moment d'avoir des enfants sont tellement dépourvus face à leur rôle que, plutôt que d'être capables d'être les parents de leurs enfants, ils veulent que leurs enfants soient leurs parents. Reconnaître votre propre besoin d'amour de la part de vos enfants vous protégera contre la tentation de choisir l'une des pires façons dont les parents peuvent traiter les enfants, c'est-à-dire de vous les approprier comme parents ou comme conjoint pour vous-même. N'ayez donc pas peur d'exprimer à quel point vous avez besoin que vos enfants vous aiment. De cette façon leur amour pourra être une faveur qu'ils accordent avec plaisir, et votre amour sera également, véritablement, un cadeau que vous leur faites.

Le caractère poignant du changement

Le changement nous invite toujours à éprouver une douce tristesse. Nous sommes tristes de perdre ce à quoi nous devons renoncer, et nous avons peur de ce qui peut arriver ensuite.

Le changement est un mystère qui excède notre contrôle. La peur nous le fait voir comme une perte, mais l'amour nous permet d'y voir une possibilité – la naissance de quelque chose de nouveau que, en dehors de la présence de l'amour, nous aurions trop peur d'envisager pour nous-mêmes.

Aujourd'hui, acceptez d'accueillir les changements dans votre vie. Savourez le mystère; ouvrez-vous à la surprise; souvenez-vous que le changement est un bienfait de l'amour.

Séparés, mais ensemble

L'un des problèmes les plus difficiles dans toute relation intime est de trouver comment maintenir la relation tout en étant capable de garder une conscience de soi-même. Le moi peut se perdre dans des relations, surtout s'il n'était pas très robuste ou complètement formé au départ.

Pour ne pas perdre trace de vous-même dans une relation, vous devez être continuellement conscient de qui vous êtes, de ce que vous ressentez et de ce que sont vos besoins. Vous pouvez le faire très simplement en faisant chaque matin une liste de réponses aux questions suivantes: Qu'est-ce que je ressens en ce moment? De quoi ai-je besoin aujourd'hui?

Par ailleurs, n'oubliez pas qu'il y a toujours trois personnes dans toute relation intime: «Moi», «Toi» et «Nous». Assurez-vous de prendre toujours bien soin du «Moi», autant que du «Toi» et du «Nous».

Le poids de l'amitié

L'amitié est l'avantage de la compagnie, le sentiment d'être accompagné dans notre voyage. C'est en expérimentant le sentiment de ne plus être seul que nous en venons à croire que la vie sera pleine de surprises, que des choses magiques vont se produire.

L'amitié est ce qui nous raffermit. L'amitié nous fait prendre pied. L'amitié est agréable. L'amitié a des saisons. L'amitié est confortable. L'amitié est facile. L'amitié est pour toujours.

Dans la vallée de l'ombre

La plupart d'entre nous ont si peur de la mort que l'une des plus difficiles tâches de l'amour est d'être avec une personne mourante. Nous nous sentons embarrassés et dépaysés. Nous piétinons, nous essayons d'ignorer le fait flagrant que, alors que nous restons là, elle quitte ce monde.

Si une personne que vous aimez est mourante, n'ayez pas peur de prendre part à l'expérience. Souvenez-vous des moments que vous avez partagés et parlez-en joyeusement; remerciez-la de ce qu'elle vous a appris, des cadeaux que vous avez reçus. Invitez-la à parler de son passé, de ses joies et de ses triomphes, de ses peines, de ses peurs et de ses regrets. Remerciez-la de partager une partie de sa vie avec vous.

Vous pouvez vous sentir mal à l'aise, mais rappelez-vous que, même si vos tentatives vous semblent maladroites, ce sera bien mieux que de ne rien faire du tout. Elles recouvriront votre relation d'une ultime enveloppe d'amour.

Le cadeau du temps

Pour la plupart d'entre nous, il n'y a pas assez de temps. Presque tout notre temps est pris: par le travail, par les innombrables exigences familiales, par les nombreuses obligations incontournables – les factures, la lessive, le ménage, les soins à apporter dans ce qu'on appelle la «vie quotidienne». Malheureusement, il reste très peu de temps, quand nous avons fait tout ce que nous devons faire, pour les choses précieuses de la vie: pour aimer les autres, pour nous découvrir nous-mêmes.

Toutefois, votre temps *est* votre vie, et au sommet de la liste des personnes qui ont besoin d'un peu de votre temps c'est votre nom qui doit figurer. Alors aujourd'hui, dans le cadre de l'amour que vous portez à vous-même, prenez quelques minutes pour vous demander quelle sorte de temps vous aimeriez vous accorder – du temps pour lire, pour marcher, pour méditer, pour courir sur la plage – et engagez-vous, pas seulement pour aujourd'hui, mais pour tous les jours, à vous faire à vous-même le cadeau du temps.

Trouver le pont

Certaines personnes sont faciles à connaître. Elles sont attirantes, extraverties et loquaces. Elles s'informent de vous, elles se révèlent. Elles ont l'esprit ouvert, et en leur présence nous avons d'eux et de nous-mêmes une expérience agréable.

D'autres personnes sont difficiles, timides, ou fermées par leur souffrance. Elles peuvent avoir de merveilleux cadeaux à offrir, une pénétration extraordinaire et des leçons tirées du creuset de leur expérience, mais pour une raison ou pour une autre elles n'ont pas de «pont» qui conduit vers les autres, de moyen de se présenter. Nous ne savons pas comment les atteindre; elles ne savent pas comment nous atteindre.

Avec de telles personnes, nous devons montrer l'accès au pont: formuler le compliment, «Quel joli chandail», ou la question, «Où avez-vous passé votre enfance?», qui leur permettra de s'ouvrir graduellement. Quand nous construisons le pont, nous donnons de l'amour et nous permettons à plus d'amour – et à d'autres miracles – de revenir vers nous en sens contraire.

Simple et sacrée

La considération signifie que dans la conduite de votre vie vous pensez aux autres, vous éprouvez des sentiments pour les autres, vous vous mettez à leur place, et vous vous intéressez à eux – et pas seulement à vous-même.

La considération est un attribut simple, sacré et merveilleux de l'amour. Elle est simple, parce qu'elle ne demande aucun génie. Elle est sacrée, parce qu'elle rehausse la qualité de ce qui se produit. Elle est merveilleuse, parce qu'elle facilite les choses, parce que grâce à elle tout le monde, y compris vous, se sent infiniment mieux.

Vos frères et sœurs

Vos propres frères et sœurs ne sont peut-être pas les personnes que vous pouvez aimer le plus facilement. Ils vous ressemblent peut-être parce que vous avez les mêmes parents, et vous partagez peut-être de plusieurs façons les mêmes traits de famille. Mais, à un niveau plus profond, vous vous sentez peut-être comme un étranger parmi eux.

Les familles dans lesquelles nous sommes nés englobent notre enfance et contiennent nos frères et sœurs biologiques. Mais il peut arriver que nous découvrions seulement plusieurs années plus tard, en des amis merveilleux et des étrangers extraordinaires, les frères et sœurs d'esprit qui forment notre vraie famille.

Pardonnez-vous

Il y a des choses que vous avez faites et que vous ferez qui déçoivent, blessent, ou détruisent la confiance des gens que vous aimez. Vous ne pouvez pas être parfait, même si vous essayez. (Vous devez bien entendu faire de votre mieux.) Mais quand un mot inconsidéré, un geste inadéquat, ou une révélation involontairement dévastatrice blesse une personne que vous aimez, vous devez avant tout vous pardonner à vous-même.

Excusez-vous bien sûr, et demandez pardon à la personne, mais soyez également disposé à vous pardonner vous-même. Il est difficile de voir nos faiblesses, de voir nos limites reflétées dans la déception d'une autre personne, de faire une erreur et de nous aimer tout de même. Mais vous méritez d'être pardonné, vous méritez qu'on vous donne une autre chance – ou une douzaine d'autres chances.

Alors après vous être excusé, regardez-vous avec compassion, et pardonnez à cette partie de vous-même qui, pour une raison ou pour une autre, a été incapable de faire appel à la bonté qui est réellement votre essence la plus élevée.

L'amour souffre

Parallèlement au fait qu'il est délicieux et exquis, qu'il est un joyeux miracle, et qu'il est la réponse à tous vos rêves, l'amour souffre et supporte; c'est-à-dire que l'amour traverse des épreuves, parce que la tendresse que l'amour incarne vous fait accepter de continuer le voyage, malgré les profondeurs de la difficulté et du désespoir, avec un autre être humain.

Ce n'est pas de la co-dépendance ou du masochisme; c'est le sacrifice créatif et transformateur de l'amour. Parce que quand l'amour souffre, un amour d'une profondeur et d'une force encore plus grandes est miraculeusement créé.

Même si le découragement, et parfois la peur vous amènent à vous demander s'il est vraiment approprié de traverser tout ce que vivez par moments pour les personnes que vous aimez, permettez-vous de rendre honneur aujourd'hui aux sacrifices que vous avez accomplis, parce que la souffrance est également un ingrédient important de l'amour.

Richesse spirituelle

Nous avons le cœur brisé, parce que nos esprits sont affamés. Nous voulons vivre l'expérience profonde, et nous en avons besoin. En tant qu'êtres humains normalement constitués, notre comportement adéquat devrait consister à chérir les personnes et à utiliser les choses, mais notre culture nous presse plutôt d'utiliser les gens et de chérir les choses. Ce renversement de nos inclinations les plus instinctives nous irrite à un niveau inconscient. Nous nous sentons dépourvus de la magie créative qui, nous le savons intuitivement, pourrait libérer nos esprits.

La richesse spirituelle, stimulée dans l'amour qui nous fait sentir intimement unis, n'est pas une chose que nous pouvons acheter, ni quelque chose que la société encourage. Elle se gagne dans la quiétude de nos cœurs, se nourrit par une discipline constante, et s'affirme par la présence cumulative d'amour véritable. Pour remplir votre esprit, sachez d'abord qu'il désire profondément être nourri, puis recherchez consciemment les personnes, les expériences et les pratiques qui lui procureront une nourriture authentique.

Ouvert ou fermé?

Une communication qui permet à un autre être humain de se révéler en toute sécurité, d'ouvrir les coins les plus profonds de lui-même et de vous les dévoiler est une communication ouverte. Elle contient une invitation et est dépourvue de jugement: «Comment te sens-tu?»; «Qu'est-ce que cela a représenté pour toi?»; «Pourquoi est-ce que ce fut si difficile?»

Par opposition, la communication qui contient des critiques, des jugements ou des attaques: «Tu n'aurais pas dû faire cela de toute façon», «Tu as toujours été trop gâté», «C'est la robe la plus laide que j'aie jamais vu», garantit que l'autre personne se fermera comme une huître.

La communication ouverte favorise l'intimité, alors que la communication fermée l'empêche complètement. Alors faites attention à la façon dont vous parlez à la personne que vous aimez. Arrangez-vous pour que ce que vous dites ait l'air d'une invitation à faire la fête, et non d'une condamnation à la prison à vie.

La reprise du pouvoir

Honorer votre besoin d'amour vous transportera là où vous pouvez utiliser votre pouvoir. En découvrant et en soignant les lieux en vous qui ont été maltraités ou frustrés, vous recevrez graduellement ce qui manquait et retrouverez votre intégrité.

Quand vous aurez pleuré vos pertes et repris possession de vos dons, vous deviendrez capable de vous percevoir d'une toute nouvelle façon, vous vous sentirez entier, apte. Graduellement, vous aurez la liberté de découvrir et de réaliser précisément ce que vous êtes venu faire dans cette vie. Et finalement vous éprouverez la joie d'utiliser le pouvoir qui vous appartient uniquement.

Quelles choses difficiles de votre passé avez-vous encore peur de regarder en face? Comment ces choses vous empêchent-elles d'être en pleine possession de votre pouvoir?

L'intelligence libérée

L'intuition est l'intelligence libérée, l'esprit qui s'avance par bonds hors des frontières de la perception conventionnelle. L'intuition est une fonction de l'amour, parce qu'elle découvre non pas ce que nous attendons, mais ce que nous n'aurions jamais pu imaginer.

Quand nous faisons confiance à notre intuition, nous faisons confiance à nous-mêmes. Nous imaginons, nous croyons et nous savons qu'il y a plus à comprendre que ce que notre intelligence peut saisir. Nous «fonçons». Nous invitons l'inattendu à se produire.

Alors qu'est-ce qui vous empêche de vous fier à votre intuition? Que se passe-t-il quand vous le faites? Que s'est-il passé quand vous ne l'avez pas fait? Reconnaissez votre merveilleuse intuition, respectez-la et profitez-en.

Plus d'affection

L'affection est le charme physique de la vie. Avec elle nous nous touchons les uns les autres, littéralement en surface, et aussi en profondeur.

Nous avons vraiment besoin d'affection. Un de mes amis m'a dit un jour qu'il était «mort dans sa peau», parce qu'il n'avait jamais été touché quand il était enfant. L'affection – les caresses délicates, les étreintes chaleureuses, les doux baisers – apaise nos corps, remonte notre moral et modifie notre façon de voir les choses.

Ce ne sont pas seulement nos chéris ou nos amoureux qui ont besoin d'affection: nous en avons besoin, tout comme nos amis, nos enfants, nos chiens et nos chats. Alors cessez votre lecture et donnez tout de suite à quelqu'un une bonne dose d'affection!

Maîtriser sa possessivité

Si, à cause de vos insécurités personnelles et votre peur d'être abandonné, vous ressentez de la possessivité, essayez de vous corriger en vous rappelant que la seule présence de quelqu'un à aimer dans votre vie tient en quelque sorte du miracle. Plutôt que de contrôler et de posséder – et de recevoir en conséquence une portion seulement de l'amour que vous pourriez recevoir – reculez. Essayez de découvrir de quoi vous avez peur et pourquoi vous vous sentez en sécurité seulement quand vous possédez quelqu'un ou que quelqu'un vous possède.

Qui vous a quitté? Qui ne vous a pas aimé suffisamment? Qu'avez-vous peur de perdre (ou de gagner) si vous perdez le contrôle d'une personne que vous essayez tellement de posséder?

Ce dont vous avez peur

N'ayez pas peur d'avoir peur. Avoir peur est une façon de vous dire que vous avez des limites, qu'à l'intérieur de vous-même vous êtes comme un enfant, que vous n'avez pas été complètement endurci par la pratique des conventions fortifiantes de l'âge adulte. Alors pourquoi est-ce que vous n'auriez pas peur? La vie est difficile, injuste et effrayante, et reconnaître cela, aussi paradoxal que cela puisse paraître, fait partie de la sagesse de l'âge adulte.

Noter ce dont vous avez peur vous invite également à vous aimer avec un plus haut degré de raffinement, à vous respecter pour ce que vous n'arrivez pas à faire, aussi bien que pour les aspects par lesquels vous êtes grand, brave et fort. Vos peurs vous invitent à demander d'être aimé pas seulement quand vous maîtrisez tout, mais aussi quand vous vous sentez incertain, bouleversé et petit.

Le cercle sacré

Faire l'amour n'est pas une chose qui existe dans une catégorie à part. Quand vous pénétrez dans le cercle sacré de l'intimité sexuelle, vous vous invitez à prendre part à une relation émotionnelle profonde, à faire une rencontre spirituelle.

Considérer la sexualité sur un plan inférieur c'est vous voler vous-même et, sans le vouloir, vous mettre en présence d'une tristesse sans nom. Alors honorez votre sexualité pour le pouvoir mystérieux et merveilleux qu'elle représente, et elle vous rendra plus que vous ne pourrez jamais l'imaginer.

Vos parents, ces êtres imparfaits

Ce n'est qu'à partir du moment où vous aurez ressenti votre colère contre vos parents que vous serez capable d'éprouver de la compassion pour eux. Ce n'est qu'à partir du moment où vous vous permettrez de voir comment ils vous ont blessé que vous serez capable de voir comment ils vous ont aussi aimé, du mieux qu'ils ont pu.

Ressentir votre colère vous permettra de les voir comme des êtres humains multidimensionnels dotés de merveilleuses qualités, aussi bien que de pénibles faiblesses. Cela vous libérera de la prison qui fait de vous leur victime, et les libérera de la cage que constitue leur rôle de parents.

Si vous n'avez pas encore résolu votre colère à l'égard de vos parents, permettez-vous d'entreprendre le processus aujourd'hui en identifiant au moins le contenu de votre colère envers chacun d'eux, et en ayant confiance qu'avec le temps vous serez capable de passer à la compassion.

Espoirs ardents

L'amour crée l'espoir que des choses merveilleuses vont se produire, à un certain moment, et d'une certaine façon. Nous faisons des projets sur ce que nous allons devenir; nous pensons que notre histoire d'amour va se dérouler exactement comme nous l'imaginons.

Mais les relations ont tendance à détruire nos espoirs. Nous sommes appelés à agir, à changer, à devenir, mais pas toujours de la façon que nous espérions. Nous nous trouvons à vivre conformément aux exigences de la réalité, plutôt que conformément à nos rêves, ce qui peut nous faire ressentir de la colère, de la déception et de la souffrance.

Si vos rêves sont réduits en cendres à cause des exigences de votre relation, ne désespérez pas. Rappelez-vous que dans le processus vous avez été purifié par le feu de la transformation, parce qu'en rêve nous sommes toujours passifs, nous subissons la vie, alors que dans la réalité nous agissons, nous nous développons et nous grandissons.

De la crème fouettée

Les compliments sont la crème fouettée et les cerises au marasquin de la vie: ils ne sont pas nécessaires, mais ils sont particulièrement délicieux. Nous pouvons tous vivre sans eux, accomplir notre devoir et survivre. Mais les compliments nous remontent le moral et nous donnent le sentiment de notre particularité et de notre valeur, de même qu'un plaisir supplémentaire dans la vie.

Les compliments sont de tout petits présents, des petites pierres brillantes dans la grisaille de la vie. Cela peut paraître simple, mais en offrant un compliment nous offrons l'amour sous l'une de ses formes les plus pures, les plus désintéressées — des mots qui visent uniquement à faire plaisir à une autre personne.

La dévotion de l'amour

Pour la plupart d'entre nous, l'amour est le sentiment que nous éprouvons dans une relation avec un autre être humain, la camaraderie, la reconnaissance, les buts partagés, le temps passé agréablement.

Mais il est une forme d'amour qui va au-delà de l'amour tel que nous le connaissons généralement, et c'est la dévotion. Dans ce cas l'amour n'est pas simplement infusé dans nos vies quotidiennes, mais il est lui-même un état d'âme que nous offrons en cadeau.

Quand nous expérimentons l'amour sur le plan de la dévotion, nous sommes appelés au niveau le plus profond de notre être, nous sommes invités à ouvrir nos cœurs et à offrir le chant de nos âmes en l'honneur du divin qui réside dans tous les autres êtres humains.

La dévotion nous amène à servir avec tout notre être, quel que soit le prix, peu importe le temps que cela prend. Nous offrons notre amour comme la plus grande contribution que nous puissions faire, et nous l'offrons avec tout notre cœur.

Ne fermez pas votre cœur

Fermer son cœur, c'est avoir peur de demander que se produise le miracle que vous souhaitez: que vous trouverez votre forme d'expression, que vous aurez de la compagnie, que vous serez en santé, que vous serez délivré de votre dépendance, que vous aurez le cœur en paix, que vos enfants s'épanouiront, que vous serez aimé.

Demandez le miracle; ouvrez votre cœur!

La toile émotionnelle

Toutes les émotions sont en interrelation en une toile exquise merveilleusement tissée au niveau inconscient. C'est pourquoi, même quand nos émotions semblent disparates, déconnectées et confuses à un niveau conscient, dès que nous les examinons plus profondément nous pouvons voir qu'elles sont reliées d'une manière très complexe. C'est aussi pourquoi nos rêves, qui peuvent paraître dépourvus de sens ou ridicules, nous révèlent, une fois que nous les avons compris, la beauté exceptionnelle du fonctionnement de notre conscience.

Alors que vos rêves peuvent vous sembler un mystère, plus vous accordez d'attention à ce que votre inconscient essaie de vous révéler par vos rêves, plus vous respecterez et admirerez sincèrement la beauté de votre vie émotionnelle.

Prenez l'engagement de vous rappeler vos rêves et commencez à les mettre par écrit, et vous verrez que vous vous les rappellerez plus facilement et commencerez graduellement à comprendre leurs importantes significations.

L'amour est une prière

L'amour est une prière – pour la relation, la communion, la continuité; la sécurité, la passion, la compassion; la magie et la musique; le pardon; le plaisir et le divertissement; l'avenir: le retour au bercail.

Quand nous demandons l'amour, nous demandons toutes ces choses. Et quand nous sommes aimés, nous avons le sentiment que nous les avons reçues. Nous avons obtenu une réponse à notre prière; nos vies ont été infiniment enrichies.

Une perte profonde

La mort de notre mère, c'est plusieurs choses: la fin du lien avec la personne qui nous a engendré, le terme d'une relation qui nous a formé et frustré, un trou dans la fibre de notre vie.

L'amour d'une mère est le jalon de notre vie; si nous l'avions, nous pleurons sa perte; si nous n'en recevions pas suffisamment, nous pleurons devant la place qui sera vide à jamais.

Si votre mère est morte, puisse votre cœur être de nouveau rempli de l'amour que vous avez reçu d'elle, et, dans l'absence créée par son départ, puissiez-vous découvrir l'esprit maternel en vous-même.

Subir le test du transfert

Le transfert, imaginer que la personne que vous aimez maintenant va vous trahir de la façon dont vous avez été trahi dans le passé, est l'un des plus importants détours sur la route de l'amour.

Découvrir comment la personne que vous aimez est à la fois pareille et différente de la personne que vous craignez qu'elle soit, est une façon de surmonter le transfert pour vivre une relation émotive authentique.

Il est possible de l'éviter, mais ce n'est pas facile. Vous devez d'abord dresser un tableau de votre passé. Vous devez savoir exactement qui vous a blessé et comment. Vous devez ensuite être prêt à vaincre votre peur – que l'autre sera comme votre mère, votre sœur, votre père. Finalement vous devez inviter la personne que vous aimez à se révéler telle qu'elle est, à vous faire part de ses vrais espoirs et de ses peurs. Découvrir que l'autre n'est pas la personne qui surgit de votre passé vous libère de l'aveuglement du transfert et vous transporte dans la lumière de la véritable intimité.

Difficile voyage

La route de l'amour est pavée de trous. Ce n'est pas une autoroute à quatre voies où le paysage défile à toute vitesse. C'est plutôt une petite route secondaire qui passe tranquillement le long de magnifiques paysages; vous vous arrêtez de temps à autre pour faire un pique-nique, vous atteignez souvent votre destination en retard, et parfois vous vous demandez si cela valait vraiment la peine de se rendre jusque là.

Prendre conscience de cela en ce qui concerne votre relation vous encouragera à faire preuve de plus de patience quand, contrairement à vos souhaits et à vos espoirs, la route ne s'ouvrira pas simplement devant vous sans aucun détour.

Être réaliste génère de la tolérance pour vous-même, pour votre partenaire, pour le processus lui-même. L'amour est un voyage magnifique, mais la route peut parfois être cahoteuse et lente, aussi bien que rapide et excitante.

Étiquette émotionnelle

Malgré la bénédiction et le confort que peut représenter une relation, il y a tout de même des règles à respecter. Le privilège d'être uni à une autre personne ne signifie pas, par exemple, que vous puissiez laisser tomber votre étiquette sociale, émotionnelle, ou spirituelle.

Les manières à adopter dans une relation émotionnelle sont les mêmes que dans tout autre domaine, mais à un degré supérieur. Cela signifie que vous devez vous adresser à l'autre en l'appelant par son nom, avec des expressions de tendresse. Dites s'il vous plaît et merci; ne faites pas que commander ou donner des ordres à votre partenaire. Rappelez-vous que les gestes spéciaux de reconnaissance ou de louange font toute la différence, même s'il s'agit des choses les plus simples: «Le dîner était délicieux»; «Tu es particulièrement élégante ce soir».

Traitez la personne que vous aimez comme vous traitez les visiteurs.

Vos égaux spirituels

Le fait que vous soyez parent ne vous donne pas le droit de maltraiter vos enfants. Le rôle de parent ne vous autorise pas à pontifier, ni à faire preuve de condescendance ou de complaisance pompeuse. Imposer la hiérarchie à vos enfants à cause de votre rôle – «C'est parce que je suis ta mère (ton père), voilà pourquoi» – n'est pas bien. En fait, c'est un travestissement du privilège d'avoir des enfants.

Alors honorez vos enfants en les traitant comme des enfants en ce qui a trait à la satisfaction de leurs besoins physiques et émotionnels. Mais rappelez-vous qu'ils sont des personnes eux aussi. Outre les choses que, à cause de votre âge et de votre expérience, vous devez leur apprendre, reconnaissez que, fondamentalement, vos enfants sont vos égaux spirituels.

Apprivoiser sa solitude

Quand vous avez peur de votre solitude, représentez-vous celle-ci comme un animal étrange, exotique et sauvage avec lequel vous devez faire connaissance. Ce curieux animal est effrayant, parce qu'il n'est pas familier. Vous ne savez pas comment le traiter; vous ne savez pas comment il va vous traiter.

Mais si vous acceptez d'être seul malgré votre désir de compagnie, vous en viendrez peut-être à vous isoler des autres et à devenir solitaire avec le temps. La solitude est un état merveilleux, paisible, dans lequel, plutôt que de craindre l'animal étrange et mystérieux, vous pouvez le regarder droit dans les yeux et vous retrouver tout doucement face à face avec la beauté qui est en vous.

En déséquilibre

L'égocentrisme c'est un déséquilibre dans l'amour qu'on se porte à soi-même, c'est se placer en premier, en deuxième, en troisième, en quatrième, en quinzième et en vingt-troisième place dans toutes les circonstances. L'égocentrisme n'est ni un véritable amour pour soi, ni une appréciation réaliste de sa propre valeur, ni une présentation honnête de soi-même. L'égocentrique s'affiche et s'impose plutôt d'une façon ennuyeuse, parce qu'il doute de son existence, de sa valeur, ou de l'influence qu'il peut avoir dans une situation ou une autre.

L'égocentrisme est difficile pour les autres, mais il l'est également pour vous. Il ne vous permet pas d'avoir des échanges émotionnels véritables, dans lesquels vous touchez les gens qui vous entourent tout autant qu'ils vous touchent.

Essayez de remarquer les diverses façons par lesquelles vous cherchez à devenir le centre d'intérêt. Voyez si vous pouvez identifier la peur que cela sous-tend, et surmontez-la ou contournez-la en invitant quelqu'un d'autre à parler de lui ou d'elle.

Pour tout le monde

Quelle que soit la situation que nous vivons, quelles que soient les souffrances qui nous invitent à changer, quel que soit l'amour qui insuffle une nouvelle vie en nous, révélant la présence du divin au centre de nous-mêmes, ces transformations qui nous font grandir et guérir, nous les recevons non seulement pour nous, mais pour tout le monde, pour toute l'humanité.

Les changements qui sont vivants en nous, l'amour qui façonne nos cœurs et restructure nos possibilités individuelles sont les clés d'un formidable changement pour tous.

Chaque plume sur les ailes de l'oiseau transporte le bel oiseau un petit peu plus près du nid. Chacun des moments d'amour que nous éprouvons individuellement nous rapproche un petit peu plus du moment de notre ultime réunion.

Rendre hommage au génie

Le génie est l'intelligence spirituelle, l'esprit qui fonctionne au-delà des frontières de l'éducation formelle, des paramètres connus et de la perception telle que nous la connaissons généralement.

Le génie, à cause de sa nature extraordinaire, est souvent tragiquement confondu avec l'échec ou les limites, il est châtié, maltraité ou encore ignoré. C'est pourquoi la capacité de rendre hommage au génie est en soi une forme de génie. Rendre hommage au génie est une fonction très évoluée de l'amour.

Comment pouvez-vous rendre hommage au génie parmi vous, au génie méconnu en vous?

Le voyage de la guérison

Tout processus de guérison, qu'il s'agisse de se remettre d'une pneumonie, de se libérer d'une dépendance, de vivre un deuil, ou de pleurer la fin d'une relation intime, est un voyage complexe qui comporte des milliers d'étapes confuses.

On ne sait jamais au départ combien de temps durera le voyage, combien de larmes ou combien de sang nous verserons sur notre chemin. Nous l'entreprenons seulement parce que nous savons vaguement que nous voulons guérir. La véritable profondeur de notre besoin de guérir et les récompenses de notre guérison nous illumineront seulement après que, aveuglément mais en toute bonne foi, nous aurons traversé les délicates premières étapes du voyage.

Quel processus de guérison avez-vous entrepris ou évitez-vous d'entreprendre, et comment pouvez-vous tout doucement vous diriger vers elle aujourd'hui?

Grandir

La maturité émotive est l'une des plus grandes réalisations de la prise de conscience psychologique. C'est l'antithèse de l'immaturité émotive, qui s'exprime quand elle veut, de la façon qui lui plaît, quelles que soient les conséquences.

L'hystérie, les bouderies, la manipulation, les pleurnicheries, le retrait, les sarcasmes, l'attaque, voilà autant de formes d'immaturité émotive. Elles démontrent que la personne qui y a recours est encore jeune sur le plan émotif, pas encore assez forte pour agir avec maturité.

Quand nous sommes matures, au contraire, nous savons que le monde ne tourne pas autour de nous, que les solutions aux problèmes, qu'ils soient circonstanciels ou émotifs, peuvent prendre du temps et ne se présenteront pas forcément sous la forme exacte que nous avions imaginée.

La maturité émotive peut faire preuve de patience, elle sait quand tenir sa langue et quand prononcer des paroles réconfortantes. La maturité émotive est un art raffiné. Développez la vôtre.

Jouez aujourd'hui!

Être enjoué, c'est la barbe à papa dans toute relation où dominent la viande et les pommes de terre. C'est le genre d'état d'esprit qui vous porte à l'insouciance, vous incite à faire la fête, vous suggère d'oublier le travail et d'aller à la plage, vous fait regarder trois films dans la même soirée, bref qui transporte une relation d'un plan ennuyeux et banal à un plan extraordinaire et effervescent.

Nous oublions de jouer, ou alors nous n'avons jamais appris comment faire. La vie, et nos propres ambitions nous font déjà travailler si fort et si longtemps, que la plupart d'entre nous sommes très loin de prendre suffisamment de temps pour jouer.

Alors pourquoi ne pas profiter de cette merveilleuse journée pour entraîner votre partenaire dans une légère espièglerie? Faites quelque chose d'entièrement spontané; laissez-vous aller, peu importe où cela vous conduira.

Tendre votre cœur

Il est relativement facile d'aimer ceux qui sont près de vous, votre famille et vos amis, les gens dont vous partagez les habitudes et les valeurs. Mais aimer des marginaux et des étrangers, des personnes dont l'attitude face à la vie est totalement différente de la vôtre – la clocharde devant la pharmacie, le vieil homme étrange qui traverse la ville sur un triporteur garni de toutes sortes de drapeaux – c'est beaucoup plus difficile.

La personne qui selon nous ne mérite pas d'être aimée est justement la personne qui, en ne correspondant pas à nos modèles, insiste pour que nous élargissions non seulement nos façons de voir, mais également notre capacité d'aimer.

Aujourd'hui, voyez si vous pouvez agrandir votre cœur et augmenter votre amour de telle sorte qu'il atteigne non seulement ceux à qui vous pouvez le donner facilement, mais aussi ceux qui en ont tellement besoin.

Découvrez ce que vous méritez

Le fait de nous dire «Je mérite» quelque chose nous permet rarement de le recevoir vraiment, parce qu'au fond de nous-mêmes nous savons que nous sommes des êtres imparfaits et que l'école de pensée basée sur les «Je le mérite» dupe rarement notre conscience.

Au contraire, c'est par la gratitude, en disant merci, que nous découvrons ce que nous méritons. Parce qu'en disant merci nous expérimentons nous-mêmes le fait d'avoir reçu quelque chose, et l'acte de recevoir nous donne un sentiment de notre valeur.

Dire merci, c'est commencer à découvrir votre propre mérite.

Votre temps

La vie est le cadeau du temps, du temps sur la terre, du temps pour avoir un corps, du temps pour avoir une personnalité, du temps pour goûter la myriade d'expériences délicieuses et difficiles que nous appelons la vie. En fait, c'est la façon dont nous utilisons notre temps qui confère à notre vie sa véritable qualité.

Ce que nous faisons de notre temps est donc très important. Que nous l'utilisions pour faire des choses qui nourrissent nos esprits, ou que nous le gaspillions inconsidérément fera un jour toute la différence. À la fin nous constaterons, ou bien que nous avons «eu du bon temps», ou bien que, l'ayant gaspillé, nous aurions souhaité en avoir plus.

Alors faites attention à votre temps, ce cadeau précieux et merveilleux. Traitez-le comme le trésor qu'il est véritablement. Aujourd'hui, prenez note de chaque heure qui vous est donnée et choisissez, avec votre cœur et avec votre esprit, exactement ce que vous voulez en faire.

Le défi de la patience

La patience consiste à attendre que la réalité rattrape les produits de notre imagination.

La patience prend du courage: elle nous demande d'être brave malgré l'incertitude du parcours. Elle nécessite de la foi: elle nous demande, avant que la preuve vienne confirmer nos pressentiments, de toujours croire malgré tout que la chose merveilleuse peut se produire.

La patience est une vertu, parce qu'elle ne vient jamais facilement; c'est une discipline qui exige que nous dépassions nos limites. La patience est sacrée, c'est un exercice pour nos esprits. La patience est un acte d'amour, parce que, à moins de nous aimer nous-mêmes, nous serions incapables de l'exercer.

Le sentiment d'exclusion

On peut se sentir exclu pour toutes sortes de raisons. On se sent exclu, parce qu'on est différent. On se sent exclu, parce que, sans le vouloir ou avec l'intention d'être cruel, quelqu'un nous a fait du mal. On se sent exclu, parce qu'on est seul, qu'on a des limites, qu'on n'a pas été choisi, ou qu'on observe (la famille, le club, la réunion, la confiserie) de l'extérieur.

Se sentir exclu est une conséquence du sentiment qu'on a de n'être pas aimé. On se sent exclu quand personne ne nous a aimé, ou quand le fil de l'amour qui pourrait nous aspirer devient ténu ou se casse.

Quand nous nous sentons exclus, nous voulons éclater en sanglots, mais ce que nous devons plutôt faire, c'est tendre les bras et faire une chose très difficile: au lieu d'attendre que quelqu'un nous lance une corde, nous devons tresser la corde nous-mêmes et prendre l'amour au lasso.

Heureux gaspillage

Les moments intimes sont les moments où vous ne faites rien, c'est-à-dire rien de ce que vous faites ordinairement: comme faire la vaisselle, rédiger des listes, entretenir la voiture, lire le journal.

Les moments intimes sont des moments privés, des moments pour le «nous» de votre relation. C'est du temps pour ne rien faire, du temps sans obligations, du temps pour parler de tout et de rien, du temps pour paresser sur le divan, ou du temps pour faire confortablement et tranquillement l'amour.

Les moments intimes sont des moments gaspillés dans le bonheur, mais ce sont également des moments d'une grande valeur. Car ces moments adoucissent votre cœur, cimentent les liens de votre amour, ravivent doucement les forces, même des relations les plus solides.

Accordez-vous des moments intimes.

Le soleil de l'amour

L'amour est le soleil, la lumière qui projette des lueurs éclatantes même dans les périodes les plus sombres. L'amour vous portera, vous consolera et nourrira votre esprit; il estompera les plis qui barrent votre front et séchera vos larmes. L'amour est le parent éternel, la mère qui ne vous abandonnera jamais, le père qui ne vous infligera jamais de mauvais traitements. L'amour interviendra pour la mère qui ne vous a jamais pris dans ses bras, pour le père qui ne vous a jamais encouragé.

L'amour guérira votre cœur et satisfera votre âme. Laissez-vous nourrir par son pouvoir formidable et fabuleux. Laissez son éclat merveilleux illuminer votre visage, jusqu'à ce que, comme l'amour, vous renaissiez.

Trouver le pardon

Comment pourrez-vous jamais pardonner et retrouver une place dans votre cœur pour la personne qui vous a laissé tomber, la personne que vous aimez et qui vous a trahi, la personne qui vous déçoit encore et encore, et que vous aimez pourtant?

Pardonner à la personne qui vous a laissé tomber est un processus qui élargit l'esprit. Il vous oblige à reconnaître que vous aussi êtes imparfait, que vous êtes capable, pour une raison ou pour une autre, de blesser une autre personne tout autant que vous l'avez été.

Le pardon consiste à prendre conscience que vous faites vous-même partie d'une humanité imparfaite, et que celle-ci est momentanément incarnée par la personne qui vous a causé une déception. Pardonner, c'est voir le manquement de l'autre comme un reflet de l'imperfection humaine en général, et non comme un geste intentionnellement cruel carrément dirigé contre vous. Le pardon élargit votre perspective. Si vous avez de la difficulté à pardonner, pensez à vos propres imperfections.

Tout notre être

À une époque où l'on accorde beaucoup d'importance à la bonne forme physique et psychologique, il est facile de trop se concentrer sur nos corps et sur nos vies émotives, à se comporter comme si les gros biceps et les psychanalyses interminables étaient le secret du bonheur.

Il est vrai que nous avons un corps et des émotions. Nous ne sommes toutefois ni seulement notre corps, ni seulement nos émotions; nous sommes plutôt un mariage des deux, organisé par un esprit merveilleux, enveloppé par une âme mystérieuse. En fait notre corps et notre esprit sont si étroitement reliés que les émotions fortes que nous ressentons peuvent parfois même créer des changements dans notre corps: la dépression qui nous pousse à manger à l'excès, la colère réprimée qui nous donne des problèmes de digestion.

Nous sommes corps, esprit, émotions et âme, et nous devons prendre conscience des quatre composantes de notre être et bien les soigner.

Aimer le mystère

Nous avons des raisons pour tomber amoureux les uns des autres, mais au-delà des causes que nous connaissons, il y a l'inconnu, l'innommable, l'essence qui, au-delà de la somme des parties, nous attire inexorablement l'un vers l'autre.

En général nous arrivons facilement à discerner, à reconnaître et à apprécier les caractéristiques spécifiques de l'autre, les qualités que nous admirons et que nous chérissons. Mais l'amour vrai ne cherche pas à tout connaître dans les moindres détails, il cesse d'essayer de tout comprendre.

L'amour vrai est rempli de respect pour l'inexprimable, cette portion que nous ne pouvons pas identifier ou définir précisément. L'amour vrai célèbre le mystère, l'insaisissable absolu chez un autre être humain.

Développer la constance

L'un des attributs les plus sous-évalués de l'amour est la constance, la qualité qui consiste à offrir une merveilleuse uniformité, à être quelqu'un sur qui on peut compter, à être une personne de parole.

Quand nous sommes constants, nous procurons une sécurité à ceux que nous aimons. Nous établissons, à l'encontre des aléas de l'univers, des îlots de constance: le goûter toujours emballé, la note jamais oubliée, les mots d'encouragement prononcés au moment opportun.

Quand nous sommes constants, nous ajoutons une touche de grâce à la vie, nous rendons raisonnable d'espérer simplement qu'il existe des choses sur lesquelles on peut vraiment compter. Si vous êtes constant dans ce que vous faites, dans ce que vous dites, dans ce que vous donnez, vous êtes une bénédiction pour tous ceux qui vous entourent.

L'amour, l'Infini

L'amour sera plus grand que toutes vos leçons, plus persistant que toutes vos erreurs, plus doux que tous les chagrins affligeants que la vie vous réserve.

L'amour est ce qui compte maintenant; l'amour est ce qui comptera à la fin.

Plein jusqu'au bord

Ce n'est pas seulement la passion d'une nouvelle romance qui nous donne des enseignements sur l'amour, mais la substance et le contenu de toutes nos relations. Ce sont les tendres moments avec nos enfants et leur surprenante perspicacité; les conflits, la tendresse et le pardon de nos parents; les moments de passion cristalline qui ravissent le cœur; le chagrin aigu causé par la mort d'un collègue; la compassion sans limite des amitiés qui durent toute la vie.

Toutes ces expériences remplissent nos cœurs jusqu'au bord, élargissent nos âmes, et font de nous les véritables gardiens et les donateurs subséquents de l'amour dont nous ont comblé les personnes qui nous ont vraiment aimé.

L'art de la louange

Chaque fois que nous reconnaissons une chose que quelqu'un a faite, quand nous disons, par exemple: «Ce que tu as écrit dans ta carte de souhait m'a beaucoup touché», «C'était beau de te voir embrasser ton jeune fils», «J'ai aimé t'entendre chanter derrière moi à l'église», nous donnons à l'autre une idée du sens de ses actions.

Des énoncés comme ceux-là sont beaucoup plus que de simples compliments. Ce sont les outils de l'artisan qui forgent le caractère. Ils servent de miroir pour la personne qui a agi d'une façon particulière et lui permettent d'avoir une compréhension plus profonde, plus claire de ce qu'elle a fait. Quand nous faisons des louanges, nous reconnaissons et soulignons pour l'autre personne la signification et la valeur de ses actions, et ce faisant nous l'aidons à sculpter et à développer son comportement.

Quel cadeau plus remarquable d'un être humain à un autre pouvons-nous imaginer!

Colère à retardement

La colère donne lieu à un curieux phénomène. Souvent, après qu'un comportement exaspérant a été corrigé ou éliminé, la personne qui l'a supporté, plutôt que d'être heureuse et soulagée, éprouve soudainement une colère rétrospective. C'est comme si elle se disait: «Maintenant que je sais que tu pouvais modifier ton comportement, je vais me fâcher un bon coup pour tout le temps que j'ai passé à te supporter avant que tu te décides finalement à changer.»

Quand vous éprouvez ce type de colère, ou qu'une autre personne l'éprouve à votre égard, ne vous alarmez pas trop. C'est un phénomène passager, un petit post-scriptum au changement – et le signe que quelque chose de merveilleux s'est produit, quelque chose que vous souhaitiez depuis longtemps.

Alors si vous en ressentez le besoin, livrez-vous un peu à cette colère par contrecoup (ou laissez une autre personne s'y livrer contre vous), mais pas trop longtemps. Après tout, si vous souhaitiez vraiment le changement, vous devriez être reconnaissant qu'il se soit produit.

Recevoir vraiment

Rien ne peut nous donner un plus grand sentiment de notre valeur que de voir l'autre recevoir ce que nous lui avons donné. Par conséquent, si vous voulez montrer à la personne que vous aimez qu'elle a de la valeur, que ce qu'elle est compte beaucoup pour vous, acceptez ses contributions, acceptez ce qu'elle offre.

Parce que chaque fois que vous recevez ce que quelqu'un vous donne, vous calmez ses doutes intérieurs sur sa propre valeur. Vous lui montrez le mérite de ce qu'elle est et de ce qu'elle offre.

Inversement, quand nous recevons, nous acceptons non seulement ce que l'autre personne nous offre, nous l'acceptons elle par la même occasion. Recevoir vraiment est donc l'une des formes les plus élevées de l'amour.

Admettre sa responsabilité

Nous sommes responsables de toutes nos actions, qu'elles soient délibérées ou non intentionnelles, qu'il s'agisse de nos pensées ou de notre comportement. Cela ne signifie pas que nous ne faisons pas d'erreurs. Cela signifie que, quoi qu'il en soit, quand nous avons blessé ou offensé quelqu'un, nous devons accepter la responsabilité pour ce que nous avons fait.

Quelles que soient les raisons, quelles que soient les circonstances atténuantes, quelles que soient les bonnes intentions qui ont mal tourné, quand vous n'avez pas appelé à la maison alors que vous aviez promis de le faire, parce que vous avez été retenu au bureau, le fait est que vous n'avez pas téléphoné; quand vous avez crié après votre femme, parce que vous aviez bu trop de Martini, le fait est que vous avez crié. Prendre ses responsabilités émotionnelles signifie que, plutôt que de blâmer, de chercher des excuses, de rationaliser ou d'essayer de vous dérober, vous admettez que vous êtes responsable de ce que vous avez fait, sachant que la personne qui vous aime reconnaîtra votre intégrité et sera plus que disposée à vous pardonner.

Traverser les murs

L'amour nous fait traverser les murs de nos propres limites. Cela signifie que très souvent nous nous trouvons à faire, à dire, à essayer, à abandonner, ou à supporter des choses que nous avions juré de ne plus jamais faire, dire ou supporter: attendre pour la 477e fois qu'il rentre à la maison, expliquer patiemment une fois de plus pourquoi nous avons besoin d'un peu de temps pour nous-mêmes...

Quand nous le faisons par amour, non seulement nous élargissons nos horizons, mais nous repoussons nos frontières. Nous devenons plus que ce que nous étions. Cela ne nous fait pas toujours plaisir – cela nous cause franchement bien des problèmes et c'est souvent assez douloureux – mais les leçons que nous en tirons nous rendent encore plus capables d'aimer.

Aujourd'hui, examinez un seul changement remarquable que vous avez effectué, à cause de la frustration absolue que vous ressentez à l'égard d'une personne que vous aimez. Célébrez ce que vous êtes devenu, grâce au fait que vous avez traversé les murs de vos limites.

La force est l'amour de soi

La force, sous quelque forme qu'elle se présente – physique, émotionnelle, sexuelle, spirituelle, intellectuelle, intuitive – est ce qui nous délivre de la tyrannie de notre passé et des limites que nous avons intériorisées à cause de lui.

Par conséquent, la force et le développement de celle-ci deviennent la mesure et le reflet de vous-même. La force vous livre à une vie plus vaste, une vie aux dimensions et à la profondeur plus étendues. La force vous permet de vous singulariser par rapport à vos parents, de prendre conscience de votre propre pouvoir et de l'utiliser pour vous-même. La force est la valeur, l'amour de soi qui rend hommage à votre individualité.

C'est pourquoi il est important de méditer sur vos forces, de vous enduire de la connaissance de celles-ci, comme d'une armure que vous avez merveilleusement assemblée de vos propres mains, maille par maille, pièce par pièce.

Plus de compliments

Plusieurs d'entre nous sont encore victimes de la croyance au vieux mythe déprimant selon lequel il est dangereux de recevoir trop de compliments, que cela peut nous monter à la tête. N'ayant pas reçu de compliments nous-mêmes, nous sommes mal à l'aise de complimenter les autres, même ceux que nous admirons et qui nous charment, comme si nos louanges pouvaient détruire leurs esprits, plutôt que les bâtir.

Mais nous avons tous besoin de compliments – en fait, nous en sommes avides; et l'éloge, pour tout et pour rien, est l'une des vives générosités de l'amour.

Alors faites aujourd'hui l'éloge d'une personne – d'un étranger, d'un amoureux, d'un ami – pour sa façon d'être, pour sa façon de faire, pour sa façon de parler, pour sa façon d'embrasser, pour sa façon de penser... pour sa façon d'aimer.

L'amour mûr

Nous n'avons pas toujours envie d'aimer les personnes que nous sommes «censés» aimer: nos enfants, nos parents, nos amis. En fait, toute relation nous met à l'épreuve, éprouve nos sentiments d'amour spontanés.

C'est pourtant au moment même où l'amour cesse d'être un sentiment pour devenir une responsabilité que nous sommes invités à croître et à mûrir. Nous n'avons pas nécessairement envie d'écrire une lettre à nos parents; nous leur écrivons, parce que nous choisissons de les honorer, car ils nous ont donné la vie. Quand nos enfants nous ont exaspéré toute la journée, nous ne les embrassons pas toujours dans un élan d'affection particulier. Nous le faisons par devoir, parce que nous voulons les aimer, parce que c'est notre intention, parce que c'est notre engagement. L'amour est une responsabilité aussi bien qu'une sensation, un engagement aussi bien qu'un sentiment; et c'est quand nous pouvons aller et venir entre ces deux terrains différents, mais contigus, que nous avons non seulement agrandi notre capacité d'aimer, mais que nous l'avons fait mûrir.

Trouver la paix

Dans les relations comme dans la vie, notre désir le plus profond est de trouver la paix, de sentir un lien profond avec d'autres, d'éprouver un sentiment d'union ultime.

Dans nos cœurs, ce sentiment de paix nous parvient dans le calme, quand nous prenons un temps d'arrêt dans notre vie et dans notre esprit pour entendre le silence intérieur. Mais dans le cas des relations, où nous devons solutionner nos différends personnels et résoudre les blessures émotionnelles du passé, trouver la paix est beaucoup plus difficile.

Pour trouver la paix dans une relation, vous devez commencer par croire qu'il est véritablement possible d'y parvenir avec la personne que vous aimez, de parvenir au confort, à la bienveillance, à l'union et à la communion. Si vous retenez ce principe et que vous en faites un des objectifs primordiaux de votre relation, vous avez déjà accompli une partie importante du trajet à parcourir pour y parvenir.

Les os de la terre

Nous sommes faits des os et de la poussière de la terre. Nous sommes une partie de tout ce qui est, et nous appartenons à ce tout. Nous ne sommes ni les conquérants, ni les seigneurs ni les maîtres par rapport à ce qui nous entoure. Les éléments de nos corps et les souffles de nos esprits sont faits des mêmes matières, précisément, que la terre, les étoiles et tous les êtres vivants.

Savoir cela, c'est vivre sur la terre elle-même, *con amore*, avec amour, c'est la voir non pas comme une entité séparée, mais comme une autre expression de la substance de votre être.

En évoluant dans votre monde aujourd'hui, même si vous avez l'impression que la nature est très loin, rappelez-vous que la terre est reliée à vous et que, par l'essence même de vos molécules, vous êtes relié à elle.

Les nerfs en boule

Essayez de vous rappeler ceci la prochaine fois qu'une dispute vous mettra les nerfs en boule: dans les meilleures discussions, il n'y a pas de gagnant, et personne n'est blâmé, parce que la meilleure discussion est un dialogue – parfois animé, sans doute excité par la colère, toujours difficile – entre deux personnes qui ont des positions passionnément différentes sur un sujet donné.

Le fait que deux personnes aient des opinions divergentes sur le même sujet est la mesure de leur caractère unique. Le fait qu'elles expriment leurs différences est la mesure de leur courage. Le fait qu'elles acceptent d'entendre la position de l'autre est la mesure de leur maturité. Et le fait qu'elles soient disposées à parvenir à une solution est la mesure de la solidité de leur relation.

Une discussion est un forum, un dialogue passionné, pas un champ de bataille, ni une occasion de fusiller des adversaires. Et le gagnant au terme d'une discussion réussie n'est jamais l'un ou l'autre, c'est la relation elle-même.

L'amour est

L'amour est l'expérience transcendante et la consolation quotidienne.

Cela signifie que l'amour n'est pas seulement suprême et sacré, mais qu'il est également simple et confortable. Ce sont les anges d'un côté et les pantoufles de l'autre. C'est voir Dieu et ne pas être seul dans son lit la nuit.

Prise séparément, aucune des deux dimensions de l'amour ne présente un tableau complet, ni ne représente tout l'amour que nous souhaitons. Nous avons besoin d'être en présence de l'amour qui est plus grand que la vie, et nous avons besoin en même temps de vivre et de respirer l'amour qui remplit nos vies quotidiennes de simplicité et de douceur.

Un équilibre délicat

Très souvent nous consacrons toute notre énergie à développer nos points forts – à devenir plus forts, plus autoritaires; à développer notre potentiel; à apprendre comment entrer dans la compétition et gagner; à nous hisser au sommet – comme si notre but ultime devait être de devenir des personnes capables d'entreprendre, de supporter ou de vaincre n'importe quoi.

Souhaiter toute cette force en nous est une forme de dénégation émotionnelle du fait que nous avons été blessés, que nous avons des faiblesses, que nous sommes timides ou craintifs, et que nous possédons, parallèlement à toutes nos aptitudes, de grandes zones de fragilité, de failles spirituelles.

Vous aimer vous-même, ce n'est pas demander de devenir parfait à n'importe quel prix, ce qui serait aussi impossible que ridicule. C'est plutôt vivre l'équilibre de vos failles et de votre intégrité, de vos forces et de vos faiblesses, de votre capacité d'aimer et de votre besoin de vous sentir aimé, peu importe à quel point ce besoin peut sembler immense et désespéré.

Qu'est-ce qui vous donne de la joie?

La vie elle-même ne vous apportera pas nécessairement la joie. La vie vous donnera des possibilités et des défis. Elle vous offrira des amis et vous proposera des expériences. Elle vous demandera de travailler et exigera que vous éprouviez des sentiments, mais elle ne vous donnera pas, nécessairement, de la joie.

La joie est un état de l'âme, le sentiment au-delà de tout sentiment, qui nous permet de savoir qu'il est bon d'être en vie, que notre existence a une signification et que nous sommes à notre place.

Certaines personnes et certaines expériences, certaines disciplines spirituelles, certains mots que nous prononçons, certains mouvements de notre corps ont la capacité de nous transporter inexplicablement et merveilleusement dans un état de joie infinie. Aujourd'hui, permettez-vous de découvrir, de rechercher et d'embrasser ces choses qui vous donnent de la joie.

Remercier le soleil

Le soleil est la lumière de nos vies. Il est le soutien de la vie, le miroir de notre joie, la source de la lumière qui nous habite.

Quand le soleil brille, nos esprits sont élevés, exaltés par la vue de la lumière. Quand le soleil se voile la face, nos cœurs sont épuisés. Nous avons besoin de la lumière, nous nous nourrissons d'elle.

Aujourd'hui, soyez reconnaissant pour le soleil: la vie, la joie, la puissance, la source, l'œil de Dieu qui nous voit, dont la lumière nous fait briller.

Être aimé

Nous avons tous au fond de nous certaines inhibitions cachées ou des restrictions sur la façon dont nous aimerions être aimé, à tel point que parfois nous ne pouvons imaginer qu'il est possible d'être aimé.

Pour faire tomber ces barrières, complétez la phrase ci-dessous. Répondez dix fois à la question, jusqu'à ce que, en parcourant les niveaux que vous connaissez déjà, vous découvriez par hasard le secret qui vous permettra de vous ouvrir réellement à la possibilité d'être aimé:

Pour moi, être aimé serait _____ .
(Par exemple: bon; effrayant; impossible, trop semblable à ce que j'ai vécu avec mon père; avoir quelqu'un qui me prendrait dans ses bras et me ferait sentir en sécurité; surmonter mes vieilles peurs de ne pas être aimé; rentrer enfin au bercail.)

Élargissez votre champ de vision

Quand votre attention est constamment concentrée sur ici et maintenant – sur vos désirs et vos besoins, sur les gens qui vous ont déçu ou qui vous ont fait du mal, sur les chemises qu'il faut aller chercher chez le nettoyeur, sur le dîner à préparer – la vie peut souvent sembler difficile, épuisante et exigeante.

Quand vous faites porter votre attention sur les plus grandes choses – la beauté de votre conscience, le sens de la vie, le miracle de l'amour que l'on vous témoigne – tout devient soudainement plus facile. Vous savez au fond de vous-même que tout est parfait, que tout se passe comme cela doit se passer, et que, sans même que vous y fassiez attention, votre vie suit un plan merveilleux.

L'amour et seulement l'amour

L'amour est le plus grand pouvoir de guérison qui soit. Il a une longueur d'avance sur les miracles de la médecine moderne, la magie des remèdes anciens, les livres que nous lisons, nos pensées et nos paroles, bien que toutes ces choses puissent avoir un effet puissant sur nous.

C'est tout de même l'amour et seulement l'amour qui peut remplir nos cœurs, changer nos vies, recharger nos molécules, transformer la substance de notre être. L'amour est la lumière, la vie, le cadeau, le pouvoir merveilleusement transformateur en chacun de nous. Rien ne peut guérir comme le pouvoir de l'amour inconditionnel.

Si vous n'avez toujours considéré votre amour que comme un sentiment ou un besoin, essayez maintenant de découvrir sa dimension curative. Que pouvez-vous dire ou faire, avec quelle souplesse de jugement, quels mots réconfortants, quelle ouverture du cœur pouvez-vous approcher une personne qui a été dure avec vous? Comment pouvez-vous aller vers l'amour inconditionnel?

Votre travail émotionnel

Si vous voulez vous aimer et aimer les autres, faites votre travail émotionnel.

Rien ne peut accélérer le processus de notre évolution personnelle comme le fait d'abattre nos barrières émotionnelles: cicatriser les mauvais traitements et les trahisons de l'enfance, regarder en face ce que nous taisons ou réprimons, soigner nos obsessions, nous affranchir de nos dépendances. Tant que nous sommes aux prises avec ces choses, c'est tout ce que nous sommes. Elles prennent toute notre attention émotionnelle; elles absorbent toute notre énergie et tout notre temps. Résoudre ces choses permet à vos énergies de se détourner vers des niveaux plus élevés, vers les autres.

Alors s'il y a des petits problèmes émotionnels agaçants que vous avez toujours ignorés, ou des grandes souffrances que vous avez toujours évitées de résoudre, ayez du courage et abordez-les maintenant. Votre âme elle-même vous attend.

Objets magiques

Nos possessions matérielles renferment nos histoires et nous rappellent, parfois même plus que les simples souvenirs, qui nous sommes, où nous avons été. Pour cette raison, les objets qui peuplent les vies de vos enfants deviennent de merveilleux cadeaux pour eux à l'âge adulte.

Certaines de mes possessions les plus chères – le livre de prières de ma mère, le cristal de la montre de mon père – et celles de ma fille – les poèmes que j'ai écrits la semaine où elle est née, les anges de bois qu'elle a reçus chaque année à Noël – sont estimables non pas à cause de leur valeur matérielle, mais parce qu'ils sont les symboles d'une relation entière, les talismans d'un amour qui façonne la vie.

Même si un objet particulier peut être tout à fait ordinaire ou même sans aucune valeur, il peut porter un message qui touche votre cœur. Alors chérissez les objets qui contiennent ces messages pour vous, et conservez pour vos enfants les objets qui ont le pouvoir de contenir des messages pour eux.

Notre véritable survie

Quand nous nous aimons vraiment nous-mêmes, nous nous nourrissons, non seulement sur le plan corporel, mais, ce qui est plus important, également sur le plan spirituel. Ce que cela signifie, c'est que nous comprenons que notre être, notre véritable survie comprennent plus que le simple fait de nous maintenir en vie physiquement.

Nous avons en chacun de nous une partie mystérieuse – la partie qui brille dans nos yeux, qui nous pousse à nous aimer les uns les autres, que nous ressentons sans paroles – et cette essence a également besoin d'être nourrie.

L'esprit est nourri dans le silence, dans la nature, en présence d'autres esprits, dans les calmes reflets de l'eau, par la musique, par des mots soigneusement choisis.

Commencez maintenant à nourrir consciemment votre esprit.

Donnez-le

Ce que vous possédez ne deviendra véritablement vôtre que quand vous l'aurez donné.

Si vous avez un talent, c'est parce que vous l'utiliserez qu'il deviendra visible; si vous avez des ressources financières, c'est parce que vous les partagerez que leur pouvoir deviendra évident; si vous possédez des mots de sagesse, c'est parce que vous les aurez livrés au monde que leur valeur sera révélée; si vous avez la beauté, c'est par la joie qu'elle apportera aux gens qui vous entourent que vous la découvrirez. Quelle que soit cette chose qui est vôtre, celle-ci vous semblera plus grande à cause de son pouvoir de changer, de guérir ou de ravir les personnes avec qui vous la partagez.

Si vous avez un talent, donnez-le. Il deviendra alors véritablement vôtre.

Imaginez la vie

Imaginez la vie que vous désirez. Qui la partage avec vous? Qu'est-ce que vous faites dans cette vie imaginaire? Comment passez-vous votre temps jour après jour, durant la semaine, et pendant les week-ends?

À qui parlez-vous? Comment est votre appartement? Quelles choses spéciales faites-vous pour vous-même?

Comment la vie que vous imaginez diffère-t-elle de la vie que vous vivez maintenant? Que pouvez-vous changer, à partir de maintenant, pour que vous vous trouviez demain un peu plus près de la vie de vos rêves?

Votre propre beauté

Nous avons parfois l'impression que c'est un crime de nous réjouir de nous-mêmes, de reconnaître honnêtement nos dons, de prendre possession de nos qualités spéciales. Posséder votre beauté, vous permettre de reconnaître que les dons que vous possédez d'une façon unique sont réels, sont des pratiques curatives d'un amour de soi approprié.

Cela ne signifie pas que vous devrez appuyer sans arrêt sur votre propre klaxon, faire un spectacle de votre merveilleuse personnalité. Ce que cela signifie, c'est que vous reconnaîtrez vos dons de l'intérieur, profondément, véritablement et avec une conviction inébranlable, et que, tout au long de votre vie, vous serez animé de cette connaissance apaisante.

Alors si vous avez été empêché de saisir la vérité sur votre propre beauté, permettez-vous de la découvrir maintenant, parce que la beauté que vous possédez en vous-même est la beauté avec laquelle, à mesure que le temps passera, vous ravirez ceux qui entreront dans votre vie.

Devenir un miroir

Être un miroir est l'un des plus merveilleux cadeaux que vous puissiez donner à la personne que vous aimez. En étant un miroir, nous retenons une image, de sorte que la personne que nous aimons puisse finalement capter une image exacte et merveilleuse d'elle-même.

Décider d'être un miroir demande des efforts, de l'amour et de l'attention. Nous choisissons en l'occurrence consciemment de montrer la personne à elle-même: par les compliments (tu es merveilleuse), par l'écoute (tu sembles triste), par l'observation (tu es différente de tes sœurs), par la contemplation (je sens quelque chose, mais je ne saisis pas encore clairement ce que cela signifie), par la pure expression de l'amour (je t'aime; je t'aimerai toujours).

Aujourd'hui, permettez-vous de devenir un miroir, et laissez votre projection devenir une tendre réflexion de votre amour.

La découverte du plan

Il y a des moments dans la vie où, brièvement, nous sommes illuminés. Nous voyons clairement que tout fonctionne suivant un plan, et que les parties du plan sont merveilleusement adaptées les unes aux autres.

Nous n'avons évidemment pas toujours cette impression. Nous avons tous à l'occasion «des jours comme ça», mais nous avons aussi des jours, des moments, des heures où nous voyons que tout est arrivé pour le mieux, que nos vies se sont déroulées exactement comme elles devaient, que nous avons reçu exactement ce dont nous avions besoin.

Voir les choses de cette façon, c'est reconnaître le plan, et reconnaître le plan, c'est savoir qu'au fond tout est relié, tout est rattaché par l'amour.

Carpe Diem

Aujourd'hui, saisissez le moment – pour faire l'amour, pour nager dans la rivière, pour faire une surprise magique, pour dire des mots tendres et merveilleux, pour vous endormir main dans la main, pour dire «Tu es le plus incroyable miracle de ma vie» – car le moment passe comme l'eau du fleuve et disparaît.

Cessez d'entretenir vos peurs

Nos peurs sont comme une meute de chiens enragés qui aboient et qui hurlent sauvagement aux portes de nos vies.

Ne nourrissez pas les chiens enragés de vos peurs en les tournant et retournant sans arrêt dans votre tête, en vous demandant «Qu'est-ce qui se passerait si?» ou «Qu'est-ce qui va arriver maintenant?». Donner libre cours à ses peurs, c'est comme jeter de la nourriture aux chiens, les aider à devenir plus gros et plus forts, les inviter à grogner plus fort et à japper plus longtemps.

Traitez plutôt vos peurs comme des dignitaires en visite. Elles sont là pour remplir une mission, bien que leur objectif puisse vous paraître encore incertain et que vous ne sachiez pas très bien comment les traiter. Donnez-leur le respect qu'elles méritent. Soyez conscient que la durée de leur visite est limitée – elles vont partir quand elles auront accompli leur mission – et entre-temps faites très attention pour ne plus jamais avoir à les recevoir de nouveau inutilement.

Recevez le cadeau!

Un cadeau non reçu devient une tragédie. Si vous voulez vraiment donner quelque chose à quelqu'un, et que pour une raison ou pour une autre le destinataire est incapable de le recevoir de façon appropriée, vous vous retrouvez, pour ainsi dire, les deux bras coupés.

Nous avons tous besoin d'éprouver de l'amour autant que d'être aimé, et c'est souvent par le don que nous traduisons cela. Ce que nous avons à offrir peut effectivement être un cadeau, ou bien cela peut être la contribution de notre expertise professionnelle, nos ressources financières, notre sagesse, ou nos talents exceptionnels en cuisine.

Quand nos cadeaux ne sont pas acceptés, nous nous sentons rejetés, nous nous sentons étrangement tristes et inutiles, comme si nous et notre amour n'avions aucune valeur, comme si nous ne pouvions pas produire d'effet.

Le fait de recevoir est donc, en un sens, un cadeau en soi. Alors cherchez en vous-même ce lieu capable d'accepter ce qui vous a été donné. Faites le cadeau de recevoir.

Votre immense fragilité

Nous avons en chacun de nous une immense fragilité, une douceur profonde dans l'âme, une subtilité d'émotion et une délicatesse d'esprit qui ne demandent qu'à être exprimées et, de façon complexe, à obtenir une réponse. Quand nous nions la fragilité qui est en nous, nous nions également celle qui se trouve dans les autres. Le résultat, c'est que nous créons souvent des relations qui se poursuivent de façon insatisfaisante sur le plan émotionnel.

Toutefois, quand nous reconnaissons notre fragilité, notre tendresse intérieure, nous découvrons les aspects de l'amour qui sont profondément touchants, éternellement émouvants et merveilleusement beaux. Alors aujourd'hui, pendant un moment, honorez votre intense fragilité, la délicatesse de votre esprit, le raffinement de vos émotions, la profondeur de votre désir d'être aimé. Et sachez que, parce que vous avez honoré votre propre fragilité, un jour elle sera honorée par d'autres en retour.

Un moment de méditation

Donnez-vous aujourd'hui du temps de silence et de solitude. Quelque chose de plus profond et de plus vrai vous sera révélé.

Chérissez tous les enfants

Nous commençons graduellement à comprendre que les enfants sont la minorité la plus maltraitée. En relation avec leurs parents, ils n'ont pas le pouvoir de s'exprimer, de se défendre ou de satisfaire leurs propres intérêts. Les parents peuvent faire d'eux ce qu'ils veulent, prendre d'eux ce qu'ils veulent, les utiliser ou les maltraiter à leur gré. Les enfants n'ont aucune protection, autre que la maturité émotive de leurs parents.

Tant qu'ils sont enfants, ils ne peuvent améliorer la situation. Parce qu'ils n'ont pas la maturité qu'il faut – la maîtrise du langage, la perception, l'objectivité et le pouvoir – pour modifier les circonstances dans lesquelles ils se trouvent, ils sont vraiment à notre merci. Si vous êtes un parent maintenant, vous devez garder cela en tête.

Qui que vous soyez, vous devez vous rappeler que chaque adulte, même s'il semble très fort en surface, abrite en lui un petit enfant frustré, et que seul l'amour que vous pouvez donner maintenant peut compenser l'amour qu'il ou elle n'a pas eu pendant son enfance.

Un pont vers l'intimité

Exprimer de la colère peut être un acte d'intimité. Quand nous identifions notre colère et que nous la livrons d'une façon affectueuse, nous reprenons contact avec quelques-unes de nos anciennes souffrances. Car la colère est toujours rattachée à des lieux où nous avons été blessés. En montrant notre colère, nous exposons donc de vieilles blessures. «Je suis en colère, parce que tu n'as pas fini la clôture. Tu m'as fait sentir sans valeur, comme je me sentais avec mon père. Il promettait tout le temps, mais il ne finissait jamais rien.» Quand nous pouvons exprimer la racine ancienne de notre colère, plutôt que de laisser la colère exploser en semant la discorde, nous retirons les bandes qui recouvrent certains de nos endroits les plus sensibles, nous révélons les aspects les plus vulnérables de notre personnalité. Alors quand vous êtes en colère, ne vous contentez pas d'exprimer vos doléances actuelles. Essayez aussi de dire leur histoire, d'expliquer ce qui s'est passé pour que vous vous sentiez si sensible en ce moment. De cette façon, plutôt que d'être l'abîme désagréable qui vous sépare, votre colère peut constituer un pont qui conduit vers la véritable intimité.

Préparez-vous à l'amour

Pour recevoir l'amour, vous devez savoir en quoi l'amour consiste pour vous. Il ne suffit pas d'entretenir le vague espoir que vous «serez aimé» ou que vous «tomberez amoureux». Notre expérience de l'amour est très spécifique. Nous nous sentons aimé, lorsque nous recevons exactement le genre d'amour qui signifie quelque chose pour nous.

Alors aujourd'hui, si vous cherchez l'amour ou que vous désirez sentir plus d'amour, posez-vous les questions suivantes: À quoi pourrait ressembler la personne qui m'aimerait? Comment s'adresserait-elle à moi? Comment me toucherait-elle, comment bougerait-elle, comment agirait-elle en présence de mon corps?

Quels mots prononcerait-elle? Quelles sont les choses que j'aimerais l'entendre me dire? Qu'est-ce que nous aimerions par-dessus tout faire ensemble? Pourquoi m'aimerait-elle? Pour quelle raison choisirait-elle de m'aimer?

Vous aurez d'autres révélations

Parfois quand nous sommes coincés dans un lieu particulièrement difficile, nous avons l'impression que rien n'a changé, ou que rien ne changera jamais. Dans ces moments, nous avons besoin d'encouragement moral, nous avons besoin de trouver une façon de regarder ce qui semble impossible sous un éclairage nouveau et encourageant.

C'est le moment de vous dire que vous aurez d'autres révélations, que ce que vous voyez maintenant est un tableau incomplet. Ce qui se produira dans l'avenir, ce n'est pas ce qui arrive maintenant; le sens même de ce que vous vivez actuellement sera modifié et amplifié avec le temps.

Alors si vous vous sentez découragé, si vous avez l'impression d'être coincé – dans une situation, avec une personne, avec un problème insoluble – dites-vous calmement que vous ne finirez pas là où vous êtes maintenant. Car vous aurez, sans aucun doute, d'autres révélations.

Tant que vous êtes ici

Ce que nous nous disons les uns aux autres, la tendresse avec laquelle nous révélons nos espoirs et nos déceptions et avec laquelle nous dévoilons nos rêves et nos peurs, le langage que nous utilisons pour formuler nos plaintes, chercher du réconfort ou demander pardon, les expressions qui nous servent à encourager, les phrases avec lesquelles nous négocions, le soin avec lequel nous choisissons nos mots, voilà autant de façons de nous rattacher les uns aux autres par la parole.

La parole, qui consiste à véhiculer un sens particulier au moyen de sons organisés selon des arrangements spécifiques, est une faculté singulièrement humaine. Par nos mots, ce que nous disons et le soin avec lequel nous nous exprimons, nous augmentons ou nous diminuons notre expérience de l'amour, nous la créons, ou nous la détruisons.

Voyez le pouvoir de vos mots pour ce qu'il est: le pouvoir avec lequel vous créez l'amour.

Faites-le maintenant

Les choses merveilleuses que vous voulez dire à la personne que vous aimez, dites-les maintenant; les promenades sur la plage que vous croyez n'avoir pas le temps de faire, faites-les maintenant; les conversations qui viennent du cœur, les peines que vous avez besoin de partager, l'épaule réconfortante que vous voulez offrir à la personne que vous aimez, offrez-les maintenant.

Le temps passe si vite, et la vie est si courte; vous et la personne que vous aimez ne serez pas ici éternellement. Tant que nous sommes ici, que nous sommes des êtres humains qui nous aimons les uns les autres, nous devons dire les mots, avoir du plaisir, faire des choses, donner des cadeaux, ouvrir nos cœurs, nous consoler les uns les autres. Le temps n'est pas éternel.

Quoi que ce soit, faites-le *maintenant*.

Le plus petit changement

Quand nous avons l'impression que nos relations sont immobiles, nous nous décourageons souvent tout de suite; nous ne savons pas quoi faire, alors nous sommes tentés d'abandonner.

Si vous vous trouvez dans cette situation, il y a une solution rapide. Cherchez une toute petite chose que vous pourriez faire, qui d'une certaine façon changerait immédiatement la situation. Il ne s'agit pas de repartir à zéro, d'abandonner, de mettre le monde sens dessus dessous, mais de faire le plus petit changement qui puisse entraîner la plus grande différence: obtenir de l'aide quelques heures par semaine; envoyer les chemises chez le nettoyeur plutôt que de faire toute la lessive; vous assurer de passer tous les vendredis soirs ensemble plutôt que de toujours sacrifier les moments d'intimité.

Les problèmes ne se résolvent généralement pas à plein seau; ils se résolvent à la petite cuillère. Alors aujourd'hui cherchez, et mettez en application, le plus petit changement qui puisse faire la plus grande différence.

Comment vous sentez-vous?

Très souvent, nous ne savons pas comment nous nous sentons à certains moments précis, alors nous menons nos vies selon des façons qui nous font souffrir, nous déçoivent, nous poussent dans des directions où nous n'avons jamais voulu aller, ou nous placent malgré nous en position de faire du mal à d'autres personnes.

Pour commencer à vous mettre à l'écoute, demandez-vous comment vous vous sentez: à propos de votre travail, de la personne avec laquelle vous aimeriez le plus être uni, de votre enfant, de votre meilleur ami.

Pensez à une chose qui vous met en colère, et à une chose qui vous ravit dans chacune de ces catégories, et vous aurez commencé à découvrir, à révéler et à retrouver votre vie. Plutôt que de laisser la vie vous contrôler, vous serez capable de commencer à remodeler votre vie autour de ce que vous ressentez vraiment.

Le bon côté du mur

Il existe un endroit où certains d'entre nous aiment se tenir; je l'appelle le bon côté du mur. C'est l'endroit confortable où, plutôt que de pousser nos limites vers un sentiment plus intense, vers un plus grand amour, vers une vie plus vaste, nous nous contentons de demi-mesures, de médiocrités dans tous les domaines, de choses qui remplissent nos journées, mais pas nos âmes.

Jouer du bon côté du mur, c'est au mieux une position timide, au pire une position lâche. C'est une garantie que nos vies seront sécurisantes, mais sans envergure.

Être prêt à passer de l'autre côté, à escalader le mur en dépit des risques de vous meurtrir les mains et vous écorcher les genoux, c'est comme accepter de voir si la balle que vous avez lancée est retombée sur un pavé d'asphalte ou dans un champ de coquelicots.

Le cadeau de la perception

La perception, l'aptitude à percevoir une autre personne clairement, est l'un des plus rares talents à la ronde. Nous n'avons pas tous ce talent, et même si nous l'avons jusqu'à un certain degré notre capacité à l'utiliser est souvent limitée à cause de nos propres problèmes émotionnels.

Si nous avons peur, nous ne pouvons pas voir; si nous doutons de notre propre valeur, nous ne pouvons pas voir; si nous essayons encore de découvrir ce que nous deviendrons quand nous serons grands, nous ne réussirons jamais; si nous sommes en processus de guérison parce que nous avons été maltraités, nous sommes souvent incapables de percevoir clairement un autre être humain.

Par conséquent, si vous voulez vraiment accorder de l'attention à une autre personne et lui répondre, vous devez vous arranger pour faire tomber votre écran émotif. Occupez-vous de cette chose qui vous empêche de voir, pour être capable de donner le cadeau de la perception.

La liste des besoins

Exprimer vos propres besoins et répondre à ceux d'une autre personne est une fonction importante dans toute relation amoureuse. Mais souvent nous sommes si peu en contact avec nos besoins, que nous ne pouvons même pas imaginer ce qu'ils sont, encore moins les exprimer ou connaître le bonheur de les voir satisfaits.

Un besoin représente quelque chose que vous n'avez pas déjà, un espace vide sur le carnet de bal de votre vie, une chose sans laquelle vous souffrez et dont la satisfaction vous fait grandir.

Mais vos besoins ne peuvent être satisfaits si vous ne les connaissez pas; alors aujourd'hui, même si cela peut vous sembler effrayant, étrange ou peu familier, permettez-vous d'identifier trois choses très spécifiques dont vous avez besoin, dans n'importe quel domaine de votre vie, et soyez conscient que cet exercice sera le premier pas vers leur satisfaction.

Lancez-vous

Quand vous prenez des risques, «vous vous lancez». Vous prenez position au cœur de votre être, vous projetez cette position dans le monde, et vous êtes prêt à accepter les conséquences, même si à certains moments le long de votre parcours la chose que vous espériez vous cause des désillusions.

Prendre des risques entraîne des résultats. Pas l'ambivalence. Pas la passivité. Pas l'attitude «attendons voir». Même le choix de s'en remettre à Dieu ne donnera rien en soi; parce que nous participons à la création du monde, de la vie que nous vivons, de l'air que nous respirons. Même si nous avons Dieu à nos côtés, ce sont les risques que nous acceptons de prendre dans la poursuite de nos intentions exprimées qui réalisent en fin de compte la plus haute expression de nos rêves.

Corps et âme

Certains croient que nos corps ne sont *pas* ce que nous sommes, et d'autres croient que nos corps sont *tout* ce que nous sommes. Chacun de ces extrêmes oublie le mariage mystique et magique de nos corps et de nos esprits.

Ne pas penser à vous-même comme corps, c'est ignorer le principe de l'incarnation – que l'on vous a donné la vie sous une forme physique et que l'expression de vous-même, de votre essence, par les mouvements, les gestes, les paroles, les guérisons, les émotions, les sensations et les réactions de votre corps, est l'une des expressions les plus élevées de la condition d'être humain.

Penser à vous-même uniquement comme corps, c'est ignorer la profondeur que transmet la vie de l'esprit et vivre à l'écart de la communion profonde que vous pouvez partager avec d'autres êtres humains. Invitez votre esprit à épouser votre corps, et vous goûterez la grande expérience de l'incarnation.

Le maintien de la constance

La constance est l'uniformité de l'amour, la similarité continuelle sur laquelle on peut sans cesse et parfaitement compter. Cela n'a rien de resplendissant; ce n'est pas particulièrement excitant; cela ne vous fait pas planer. Mais savoir qu'elle fera toujours ce qu'elle dit, qu'il rentrera toujours à la maison à l'heure, que vos enfants recevront toujours leur argent de poche, semaine après semaine, mois après mois, qu'elle sera là pour vous embrasser en vous disant bonne nuit, c'est l'assise, le fondement d'un amour vivifiant.

La constance n'est peut-être pas aussi follement excitante que la passion, l'hystérie ou le mécontentement rageur, mais à l'encontre de son courant stable, les exceptions et les variations de la vie peuvent se dérouler dans le calme.

La constance est la pierre angulaire, la nourriture puissante de l'amour.

L'amour dissipe la peur

Quand vous êtes plongé dans l'amour – vous éprouvez l'amour, vous faites l'amour, vous donnez l'amour – la peur disparaît. Aucune de vos inquiétudes ne peut obtenir une audience quand votre conscience est absorbée par l'amour. L'amour occupe tout l'espace psychique, émotionnel et spirituel. Quand l'amour est avec vous, il n'y a de place pour rien d'autre.

Quand nous sommes «en amour» et que nous ressentons de la peur, nous nous sommes pour un moment éloignés de notre lien profond avec l'amour. Les vieilles peurs et les insécurités historiques se sont infiltrées dans notre conscience, déplaçant l'amour que nous pouvons volontiers éprouver dans notre état le plus pur. Mais au fond de nous-mêmes, nous avons besoin de lâcher notre peur pour nous accrocher à l'amour.

Le miracle de la guérison

La guérison émotionnelle est l'une des plus puissantes conséquences du véritable amour. C'est le miracle qui se produit quand, en présence de la personne qui nous aime maintenant, nous sommes capables de dire ce que nous étions incapables de dire quand nous étions enfants et d'exprimer et de parfaire les aspects de nous-mêmes qui ont été réprimés, ignorés, ou rabaissés quand nous étions trop petits pour nous protéger nous-mêmes.

La guérison émotionnelle est la fonction primaire de nos relations intimes. Nous pouvons penser que c'est la sécurité, ou la camaraderie, ou le jeu, mais que nous y veillions consciemment ou non la guérison émotionnelle est toujours en cours. Nous guérissons et nous changeons profondément les uns les autres à cause de nos relations.

S'amuser

S'amuser, c'est s'assurer qu'on ne passe pas sa vie à s'abrutir à trop travailler.

S'amuser, c'est veiller de temps en temps, plus souvent que vous ne l'avez fait jusqu'à présent, à faire une pause au milieu du tumulte et des préoccupations de votre routine quotidienne pour appliquer du vernis à ongles doré sur vos ongles d'orteil, ou pour rapporter des ballons à la maison sans aucune raison particulière.

Créez les occasions. Inventez des raisons ridicules pour faire la fête. Soyez frivole, insouciant et heureux. Se divertir rend la vie plus légère et plus douce, en fait un carnaval, un festival. Alors chaque fois que vous le pouvez, divertissez-vous.

Faire fondre les frontières

L'amour fait fondre les frontières. Grâce à lui, nous pénétrons dans les corps, les cœurs et les esprits les uns des autres. Nous comprenons un autre esprit humain; nous participons à la condition humaine.

Nous entendons tant de choses de nos jours sur les engagements excessifs avec les autres, sur le besoin de maintenir des frontières solides; et les frontières sont effectivement appropriées la plupart du temps. Alors comment faire pour différencier l'amour et l'invasion?

Quand les frontières fondent et que nos esprits en sont flattés, que cela nous fait grandir et nous fait sentir entiers, nous vivons l'expérience de l'amour; quand la dissolution des frontières nous inspire de la peur, nous donne le sentiment d'avoir été indûment lésés, nous sommes envahis, maltraités. Tout comme nous avons dû faire preuve de vigilance dans la construction de nos frontières, nous devons aussi laisser passionnément l'amour dissoudre les barrières que nous avons élevées pour pouvoir laisser entrer plus d'amour.

Ressentir c'est être vivant

Ressentir, tout ressentir: c'est la raison de la vie. Et plus vous vous permettrez d'expérimenter les ondulations infinies et les délicates variations des sentiments, plus vous vous sentirez délicieusement vivant. Ressentir, c'est vivre; l'absence de sentiment, c'est la mort.

Saine concentration sur soi-même

Nous pensons parfois que nous devrions éviter de nous concentrer sur nous-mêmes avec complaisance: trop penser à nos problèmes et à nos objectifs personnels, nous préoccuper de nos propres sentiments, nous apitoyer sur notre sort, avoir besoin de certaines choses. Il est bien sûr possible de devenir trop centré sur soi-même; nous connaissons tous des gens qui le font tellement qu'ils nous épuisent. Mais prendre le temps de se connaître vraiment, d'une façon tendre et complexe, c'est une entreprise sacrée, le commencement de l'amour de soi.

Faire connaissance avec vos souffrances, accepter de vous souvenir et de revivre les mots et les expériences qui ont façonné votre vie, qui ont cultivé vos dons et développé vos limites, c'est le processus de connaissance de soi qui vous permet de regarder votre âme avec une tendre compassion. Et à la fin, ce processus devient le véhicule grâce auquel vous êtes également capable d'aimer et de considérer les autres.

Confiés à vos soins

Il y a en chacun de nous des dons incroyablement beaux, pas seulement des talents dont nous pouvons jouir, mais des qualités et des attributs dont nous pouvons également faire profiter les autres.

Les qualités remarquables que vous avez – l'intelligence, la force physique, la persévérance, la légèreté d'esprit, la fermeté de caractère, quelles qu'elles soient – impliquent une responsabilité. Elles ne vous ont pas été données simplement pour vous gâter; elles vous ont été confiées pour que vous les découvriez, que vous les développiez et que vous les partagiez avec les autres.

Alors honorez vos dons, et prenez vos responsabilités en ce qui les concerne. Considérez honnêtement leur nature et leur importance, et cherchez les avenues grâce auxquelles, tout au long de votre vie, vous pourrez les partager avec le monde.

L'architecture des sentiments

Quand nous prenons note de ce que nous ressentons – de ce qui nous met en colère et nous déçoit, de ce qui nous touche profondément, de ce qui nous fait revivre de vieux chagrins, de ce qui nous ravit et nous fait de nouveau sentir comme des enfants qui jouent avec des cerfs-volants – nous commençons tout doucement à restructurer notre réalité dans un style différent.

Quand nous savons ce que nous aimons, ce qui nous procure de la joie, et surtout quand nous commençons à porter attention à ces sentiments, nous commençons graduellement à un niveau inconscient à attirer dans nos vies les choses qui nous plaisent. Inversement, quand nous savons ce qui nous fait peur et ce qui nous fait mal, nous pouvons graduellement nous éloigner de ces choses. De cette façon, même sans volonté ou sans intention consciente sérieuse, nous commençons à créer des vies qui nous nourrissent et nous ravissent de plus en plus.

Alors accordez-vous de connaître ce que vous ressentez; vos émotions sont les poutres maîtresses d'une vie vraiment merveilleuse.

Le pardon et rien d'autre

Peu importe où vous en êtes dans votre cheminement spirituel, la vérité sur votre capacité d'aimer vous sera péniblement révélée dans les sentiments que vous éprouverez après une dispute avec la personne que vous aimez. En lui pardonnant, en l'acceptant pour ce qu'elle est vraiment, l'amour vous incitera à devenir le plus grand et le meilleur de vous-même. Cela n'est pas toujours un sentiment facile à vivre. En fait, c'est souvent plus facile de céder à nos penchants mesquins, médisants et primaires. Mais l'amour demande le meilleur de nous-mêmes; et parce que nous avons aussi besoin d'*être* aimés, l'amour nous fait apprendre à pardonner.

À quel sale petit ressentiment vous accrochez-vous encore? Sortez-le de votre sac à dos et exprimez-le aujourd'hui. En réussissant à le résoudre, en accueillant de nouveau dans votre cœur la personne que vous aimez, vous verrez que le pardon de l'autre vous fera sentir mieux vous aussi.

L'énergie extatique

L'amour réorganise notre conscience. Il révise nos notions sur l'état des choses et nous transporte sur le pouvoir de sa propre énergie extatique, nous invitant à revoir nos perceptions sur presque tout.

Juste au moment où nous avons la certitude de savoir comment sont les choses, l'amour se présente et nous met sens dessus dessous: «Je n'aime pas les hommes aux cheveux bruns, mais je suis éprise d'un homme aux cheveux bruns»; «Je n'aime pas les grandes femmes, mais je suis tombé follement amoureux d'une femme qui mesure un mètre quatre-vingts».

L'amour nous montre qu'il est plus fort que nous l'avions pensé, cru, ou imaginé. L'amour nous fait abandonner nos petites notions égocentriques et manipulatrices sur ce que la vie est et devrait être. L'amour nous fait changer, contre notre gré, pour le mieux. Si vous n'êtes pas convaincu, pensez un instant au nombre de fois où l'amour vous a mis les nerfs en boule ou vous a obligé à vous rétracter.

Un excès de bonté

Dans une relation saine, les deux partenaires ont l'impression que l'autre arrive trop souvent à ses fins. Ce n'est pas un indice de dysfonctionnement; cela tient au fait que deux individus sont ici en présence, chacun conscient de ses propres besoins et chacun ayant suffisamment d'estime pour elle-même ou lui-même pour souhaiter qu'il en soit fait selon ses préférences.

Quand nous avons des tendances généreuses, nous avons souvent l'impression d'être exploités dans les relations. Mais quand vous aimez une personne qui vous aime généreusement en retour, vous découvrez, si vous vous donnez la peine de vérifier, que l'autre a aussi parfois l'impression d'être exploité.

Prenez aujourd'hui le temps de discuter avec la personne que vous aimez des domaines dans lesquels vous croyez avoir trop donné, et permettez-lui de faire de même. Vous découvrirez que, sur un total de 100, vous donnez probablement tous les deux 90 pour cent.

Fermer le cercle

À un certain moment dans la vie, les parents, en tant que parents, perdent leur raison d'être. Avoir conscience de cela comme parent et libérer les enfants pour qu'ils puissent vivre leur propre vie, voilà qui représente l'acte d'amour parental suprême. Quant à l'enfant, le fait de reconnaître que ses parents ont eu la grâce de le laisser aller signifie qu'il est parvenu dans sa relation avec eux au stade de la maturation.

Ce moment est-il arrivé dans votre vie, en tant que parent ou en tant qu'enfant? Si oui, quels sont les signes qui l'indiquent? Sinon, comment pouvez-vous vous y préparer? Comment pouvez-vous remercier vos parents (ou vos enfants) d'avoir fermé ce cercle spécial de votre attachement – des jours où vous étiez si agréablement proches – avec tant de grâce?

Cultiver l'estime de soi

Ce que les thérapeutes appellent «estime de soi», c'est tout simplement ce que nous sommes capables de croire à propos de nous-mêmes. Si on croit de bonnes choses, on parle de saine estime de soi; si on croit de mauvaises choses, on parle de piètre estime de soi.

Peu importe ce qu'il nous reste encore à découvrir sur nous-mêmes – sur notre sens artistique, notre intelligence, notre générosité – nous avons certaines croyances par rapport à nous-mêmes qui forment l'essence de ce que nous sommes. Et nous pouvons tirer profit de cette connaissance pour parvenir à une idée juste de notre propre valeur.

Aujourd'hui, avant de vous classer parmi les personnes qui ont un problème d'estime personnelle, dressez une liste des bons points que vous vous connaissez déjà. Utilisez-la comme base pour développer une conscience de toutes les autres merveilleuses choses qui composent votre essence, jusqu'à ce que, éventuellement, vous parveniez à ressentir vraiment de l'estime pour vous-même, à avoir une image complète de vous-même.

Touchés par l'amour

Quand nous aimons une personne, nous lui permettons d'avoir un impact sur nous, de nous toucher, de nous encourager dans un sens ou dans l'autre. Nous changeons notre garde-robe et notre coiffure. Nous voyageons. Nous renonçons à nos mauvaises habitudes. Nous faisons des choses que nous avions peur de faire avant. Et nous ne faisons pas toutes ces choses parce que l'autre nous l'a demandé ou l'a exigé, mais parce que, par sa présence, par son exemple, nous nous sentons naturellement enclins à changer. En fait, nous changeons souvent sans trop nous en rendre compte.

Quels changements les personnes que vous aimez ont-elles générés dans votre vie? Et comment pouvez-vous les remercier pour les conséquences heureuses de leur amour?

D'une façon positive

J'ai un ami qui, peu importe quand vous lui demandez ce qu'il fait, répond toujours: «J'avance généralement dans la vie d'une façon positive.»

Avancer généralement dans la vie d'une façon positive, c'est vivre dans un état de grâce, d'amour, c'est être confiant que la vie vous apportera des surprises remarquables, et avoir la certitude que votre effet sur la vie sera aussi heureux que son effet sur vous.

Avancer généralement dans la vie d'une façon positive, ce n'est pas seulement une attitude ou une espérance; c'est une prière de gratitude envers l'univers, un acte d'amour suprême.

Le jardin de l'amitié

Les amitiés sont comme un jardin spirituel. Elles s'épanouissent dans le sol riche de nos vies comme des fleurs merveilleuses. Elles ont des qualités et des couleurs différentes; nous les cueillons pour diverses raisons. Ce sont les oeillets dans nos deuils, les extravagantes roses rouges à longues tiges dans nos célébrations, les fidèles marguerites à l'arrière-plan de nos vies, qui tranquillement forment leurs feuilles, bourgeonnent et fleu-rissent.

Sans en avoir conscience, nous cueillons régu-lièrement des fleurs dans le jardin de nos amitiés, sachant qu'elles nourriront nos esprits, car elles constituent le riche pré fleuri près duquel les longues tiges de nos propres vies peuvent croître et fleurir.

Le médium de connexion

Nous avons tous des moyens spéciaux de communiquer avec ceux que nous aimons. Vous pouvez communiquer avec votre mère en l'accompagnant dans son magasinage, avec votre fils adolescent en regardant le hockey, avec votre mari en jardinant. Quel que soit le moyen que vous utilisez, c'est par ce canal spécial que vous entretenez votre relation. Cela a sans doute quelque chose à voir avec ce qui vous a réuni au départ, et cela révèle certainement le point vers lequel vous devrez revenir si vous perdez votre assise ou que vous essayez de retrouver votre route.

Le médium de connexion est votre refuge, votre moyen unique d'être ensemble. Le connaître, c'est l'entretenir, c'est lui permettre de vous être encore plus utile, c'est être reconnaissant du fait que, malgré les désagréments ou les différends qui peuvent vous opposer, il existe toujours un endroit agréable sur lequel vous pouvez compter.

L'art de la consolation

L'une de nos tâches les plus difficiles dans l'amour que nous ressentons en tant qu'êtres humains, c'est d'avoir à consoler. Consoler, c'est tenir compagnie, c'est s'unir à une autre personne dans des moments de souffrance. Consoler, c'est être prêt à pénétrer dans les profondeurs de la blessure. C'est participer à la peine d'une autre personne en lui tendant la main.

La consolation est une entreprise spirituelle. Elle commence par la reconnaissance du fait que nous souffrons tous de temps à autre et s'appuie sur la conviction qu'il est de notre devoir de compatir les uns avec les autres dans la souffrance. La consolation n'est toutefois pas morbide; elle part du principe que la lumière peut venir éclairer les ténèbres, que ce que nous avons à offrir peut être reçu, que notre amour peut faire une différence.

S'offrir soi-même, c'est en soi tout l'art de la consolation. Alors si quelqu'un souffre près de vous, donnez-lui la main. Offrez votre main, offrez vos mots, offrez votre temps.

L'amour sans mais?

L'amour inconditionnel, c'est l'acceptation translucide totale, l'amour qui non seulement voit la perfection chez l'être humain imparfait, mais est totalement disposé à accepter l'autre tel qu'il est. C'est l'amour que, idéalement, les parents devraient donner à leurs enfants, l'amour que nous voulons être capables de donner à tous ceux que nous aimons. C'est l'amour dans une dimension spirituelle.

Mais dans une relation, l'amour a des conditions. Nous ne pouvons pardonner éternellement – et nous ne le devrions pas non plus – ni accepter, ni laisser passer, ni ignorer les comportements qui nous blessent et nous manquent de respect. L'amour conditionnel a des exigences. Il demande, par l'imposition de normes conscientes, que les personnes que nous aimons, comme nous-mêmes, agissent avec intégrité, respectent la vérité et donnent leur pleine mesure.

La relation, un processus

Une relation est un processus, pas une destination. C'est un environnement interpersonnel sacré pour l'évolution de deux âmes, une expérience de l'évolution de votre conscience individuelle en présence d'un autre être humain, dont la conscience évolue également.

Les relations sont les outils les plus puissants pour notre évolution spirituelle, et nous devons résister à la tentation de les définir en les situant sur un plan inférieur.

Demandez ce que vous voulez

Demander ce que vous voulez de la personne que vous aimez est l'une des conditions pour être aimé. Si vous ne demandez pas, et que l'autre n'est pas un devin, les chances d'obtenir ce que vous voulez deviennent infinitésimales.

Évidemment il faut savoir ce que vous voulez pour pouvoir le demander. Savoir ce que vous voulez consiste également à savoir ce que vous ne voulez pas – identifier les genres de comportements qui vous blessent, vous irritent ou vous offensent. Dire à la personne que vous aimez ce qui vous plaît et ce qui ne vous plaît pas est précisément le type de communication qui peut raffermir les liens de votre relation.

Alors prenez le risque de dire aujourd'hui à la personne que vous aimez exactement ce que vous voulez et ce que vous ne voulez pas. Et rendez-lui la politesse en lui demandant: «Qu'est-ce que tu aimerais que je te donne?», et, peut-être, ce qui est encore plus important, «Qu'est-ce que tu aimerais que je m'abstienne de faire quand tu es là?»

Prenez l'affaire en main

Notre capacité d'aimer est limitée dans la mesure où nous n'avons pas résolu nos problèmes émotionnels. Quand nous avons caché des problèmes émotionnels, ceux-ci nous absorbent complètement, aussi bien consciemment qu'inconsciemment. Les questions comme «Suis-je bien?», les chaudrons débordants de peurs et de colères non exprimées et non identifiées qui inhibent le mouvement vital nous enlèvent non seulement notre énergie et notre temps, mais également l'émotion pure et détachée avec laquelle, si nous étions libérés, nous pourrions aimer.

Alors prenez l'affaire en main, et faites votre travail émotionnel. Les questions émotionnelles non réglées, plus que n'importe quoi d'autre, vous empêchent d'aimer et d'être aimé véritablement.

Au centre

L'amour est au cœur de toute action, interaction, relation, besoin, conflit, résolution, entreprise, possibilité et résultat de la vie. Nous marchons vers l'amour. Nous vivons pour l'amour. L'amour est notre souffle, notre but, notre source et notre meilleur remède.

L'amour est le son parmi les sons, l'œil au centre de la vision. L'amour est ce que nous sommes et comment nous sommes et pourquoi nous avons été créés.

Aujourd'hui – et toujours – rappelez-vous que l'amour est au centre de vous-même. De tout.

Une partie de l'édifice

Avec le temps nos amitiés s'entrelacent d'une façon si complexe dans nos vies, deviennent une partie si importante de l'édifice de nos jours, que nous oublions souvent comment elles ont commencé, à quel point nous comptons sur elles, quelle importance incroyable elles ont pour nous.

Si la romance est la corde raide sur laquelle, dans un habit d'apparat, nous dansons et d'où nous apercevons tout le cirque, l'amitié pour sa part est le filet de sécurité dans lequel nous tombons chaque fois que, momentanément, nous perdons pied.

Aujourd'hui, prenez le temps de reconnaître les amitiés qui, plus d'une fois, vous ont empêché de vous retrouver en miettes au centre de la piste.

L'empire des sens

La sexualité devient un moyen d'expression encore plus merveilleux quand nous acceptons qu'elle comprenne la sensualité. La sensualité est une délicieuse libéralité dans l'acte de faire l'amour, la participation non essentielle, mais merveilleuse de tous les sens – le toucher, la vue, l'odorat, l'ouïe et le goût.

Exprimer notre sensualité est une élévation de notre interaction, une invitation à devenir encore plus complètement humain, à vivre de notre sensualité instinctive aussi bien que de notre pensée rationnelle. Quand nous faisons l'amour avec la richesse de notre sensualité, nous recevons le corps de la personne que nous aimons dans toute la complexité de son incarnation.

En étant généreux de notre propre sensualité, de nos mots merveilleusement envoûtants, en voyant la grâce du corps que nous chérissons, en respirant sa fragrance, en goûtant son essence, nous nourrissons également nos âmes respectives.

Votre trésor

Votre trésor est la personne que vous aimez le plus au monde, celle que vous adorez, celle qui vous apporte des fleurs ou vous fait des crêpes au sirop, qui sèche vos larmes, qui joue avec vous, qui s'intéresse à vous.

Votre trésor, c'est votre chéri, votre sucre à la crème, votre conjoint, votre partenaire, c'est la personne qui vous est vraiment la plus chère.

Aujourd'hui, chérissez votre trésor, quel que soit le petit nom tendre que vous avez choisi pour lui ou pour elle. Soyez reconnaissant de son existence; réjouissez-vous qu'il ou elle soit là.

Tout savoir

L'autosatisfaction, c'est «tout savoir», être convaincu d'avoir raison. Vous savez comment sont les choses; vous savez comment elles devraient être, comment tous les autres devraient faire, et pourquoi ils devraient faire les choses de la façon dont vous êtes tellement certain qu'il faut les faire.

L'autosatisfaction, c'est, purement et simplement, un jugement porté sur les autres et, de façon moins visible, sur nous-mêmes. Car ce que révèle réellement le comportement d'autosatisfaction c'est qu'au fond nous n'avons pas une si haute estime de nous-mêmes. Pour une raison ou pour une autre, nous pensons que nous devrions en savoir plus que nous n'en savons, et nous compensons notre peur de ne pas savoir en agissant comme si nous savions tout.

Alors si l'autosatisfaction est votre genre, demandez-vous ce que vous ne pouvez pas accepter en vous-même, pourquoi vous ne pouvez vous pardonner de ne pas tout savoir. Puis descendez de votre siège, laissez tomber votre marteau et commencez à admettre que les autres sont très bien comme ils sont.

Petite vérification

Aujourd'hui, amenez vos émotions à un niveau plus profond en faisant une petite vérification émotionnelle. Posez-vous les questions suivantes:

Y a-t-il une personne dont je me plains et contre qui je devrais me mettre en colère?

Y a-t-il une personne contre qui je suis en colère et que je devrais pardonner?

Qui suis-je incapable de pardonner?

Qu'est-ce que je devrais changer en moi pour pouvoir lui pardonner?

Pour le meilleur et pour le pire

L'amour nous demande d'être avec ceux que nous aimons pour le meilleur et pour le pire. Nous savons comment nous aimer les uns les autres quand tout va bien, mais quand la maladie frappe nous nous sentons souvent dépourvus. Traverser une maladie grave est, bien sûr, effrayant et terrible pour la personne malade, mais c'est également un fardeau extraordinaire pour ceux qui ont un rôle de spectateurs, parce que, bien souvent, ils ne savent pas comment agir.

Vous devez savoir ceci: la maladie de la personne que vous aimez provoquera en vous divers sentiments, de la sympathie, de l'empathie, de la peur, et, de façon plutôt surprenante, de la colère. Vous serez en colère, parce que vous avez peur, et vous serez en colère à cause de tous les fardeaux que vous impose la maladie. Essayez d'être honnête avec vous-même en ce qui a trait à vos sentiments négatifs, de façon à pouvoir être généreux avec la personne qui a besoin plus que jamais de votre amour. Et croyez que vous pouvez honorer le serment que vous avez fait, pour le meilleur et pour le pire.

Votre vérité émotionnelle

Exprimer votre vérité émotionnelle est un acte d'affirmation de soi. Dire ce que vous ressentez, ce dont vous avez besoin, ce qui vous fait mal, ce que vous voulez et ce que vous espérez – même si vous vous exposez aux critiques et au rejet, même si vous vous sentez vulnérable – c'est reconnaître, envers vous-même et envers les autres, la validité de votre expérience intérieure, le fait qu'elle mérite d'être exprimée.

Quand vous communiquez votre vérité émotionnelle, vous faites valoir votre droit de permettre à votre vie intérieure d'avoir une influence sur votre monde extérieur. Vous pouvez ainsi sculpter vos relations de façon à ce qu'elles comblent vos besoins et ravissent votre cœur.

Quelle vérité émotionnelle avez-vous besoin d'exprimer aujourd'hui?

L'estime de soi, un trésor

L'amour de soi signifie plus qu'être tolérant envers vous-mêmes, que de vous supporter. C'est avoir une idée profonde de l'essence exceptionnelle qui est la vôtre. C'est une célébration de l'intégrité de votre caractère unique – pas seulement de vos grâces et de vos perfections, mais aussi des peines, des tragédies et des limites qui vous ont formé.

Arrêtez-vous aujourd'hui pour considérer consciemment à quel point vous êtes vraiment spécial. Pourquoi vous aimez-vous? Qu'est-ce que les autres aiment en vous qu'ils ne retrouvent chez personne d'autre? Quelle douleur a été décisive dans la formation de votre merveilleuse personnalité?

Regardez-vous attentivement. Prenez une bonne dose d'amour de vous-même, cette potion qui guérit l'âme, parce que l'amour de soi fait traverser le pont-levis de la simple acceptation de soi pour pénétrer dans le château où se trouve le trésor de l'estime de soi et de la compassion.

Les petits monstres d'insécurité

Nous sommes tous aux prises avec des petites insécurités qui nous poussent à nous comporter plutôt mal en amour: la peur d'être abandonnés, la peur de ne pas être à la hauteur, pour ne nommer que ces deux-là. Quand nous éprouvons un sentiment d'insécurité, nous essayons de contrôler, en faisant des menaces et en donnant des ordres, en étant mesquins, en devenant possessifs à l'excès.

Nous avons tous des insécurités, mais elles ne disparaissent pas comme on veut. Devenir autoritaire ou hystérique n'est pas une façon de les résoudre. Quand vous vous sentez petit ou dépourvu, parlez-en, formulez ouvertement vos peurs de façon que la personne qui vous aime, plutôt que de subir vos mauvais traitements et votre autorité, puisse vous rassurer comme vous avez besoin de l'être.

Quels petits monstres d'insécurité vous pincent le cœur? Quelles peurs devez-vous révéler à la personne que vous aimez?

Compromis amoureux

Toute relation exige une certaine part de renoncement, mettre de côté ou reconsidérer nos désirs pour qu'ils soient conformes aux besoins, aux désirs et à la situation de la personne à qui nous sommes liés, ou qu'ils les complètent.

Nous ne le faisons pas toujours de gaieté de cœur, et nous pouvons en éprouver beaucoup de ressentiment. Mais la réalité brutale, c'est que nous devons le faire. Parce que le compromis est un ingrédient nécessaire dans toute relation; autrement, à moins d'être en amour avec un sosie de vous-même, il vous serait littéralement impossible de vivre avec qui que ce soit.

La faculté de compromis est facilitée quand on réalise que le fait même de mettre de côté nos préférences et de faire ce que l'autre veut ou préfère est un des meilleurs moyens de nous aimer les uns les autres.

Alors ne lui opposez pas de refus; donnez-lui ce qu'il ou elle veut. Ce n'est pas perdre du terrain, c'est être affectueux.

Être aimable

Être aimable signifie tout simplement: faire un effort, rechercher l'état de grâce émotionnel qui vous permet d'être attentif et gentil, plutôt que grincheux, maussade, soupe au lait, détestable, sarcastique, critique, condescendant, ou pontifiant.

Être aimable n'élève pas vraiment, et ne rabaisse pas particulièrement non plus. C'est plutôt l'expression d'un équilibre émotionnel accommodant, la découverte et le maintien d'un juste milieu qui vous permet d'être gracieux, jovial et prévenant.

En général, ce n'est pas très difficile d'être aimable, mais il y a des jours où c'est plus difficile que d'autres. Alors quand vous avez la tentation d'être désagréable, essayez de vous rappeler qu'être aimable est le plus petit commun dénominateur de toute relation agréable.

Prendre un risque

De temps à autre nous observons, dans nos relations avec un frère ou une sœur, un collègue ou un ami, notre mari, notre femme, nos enfants, ou notre amoureux, un incident de parcours ou un écart de comportement qui est quelque peu destructeur ou dommageable. Votre meilleure amie se laisse dominer par son enfant; votre frère est constamment sarcastique à l'égard de sa femme; votre patron rabaisse sa secrétaire. Que devons-nous faire, en tant que personnes aimantes?

C'est toujours une question très délicate. Devons nous réagir, prendre le risque de dire ce que nous pensons – «Ta façon de traiter Suzanne m'inquiète» – ou devons-nous ignorer les limites de cette personne dans sa capacité d'aimer?

Prendre des risques demande du courage, et de la diplomatie. Soyez certain de vos propres motivations, puis abordez le sujet très délicatement, en sachant que confronter affectueusement une personne au sujet de son manque d'amour est un geste d'amour.

Faire une escapade

Quand j'étais une petite fille et que les choses devenaient trop sérieuses, mon père suggérait que nous fassions «une escapade». Cela voulait dire prendre le tramway jusqu'au bout de la ligne et explorer un quartier que nous ne connaissions pas, marcher sur les pierres du ruisseau plutôt que de suivre le sentier, ou entrer chez un brocanteur et ramener une babiole sans valeur pour commémorer notre excursion.

Faire une escapade est une entreprise insignifiante en soi, mais qui prend une aura magique, parce qu'elle rompt les liens de la routine, parce que vous la faites avec une personne que vous aimez. Aujourd'hui, ou très bientôt, faites une escapade.

Avec affection

Parfois nous nous perdons vraiment dans l'amour, nous nous étranglons, nous nous préoccupons trop de ce que nous *devrions* faire l'un pour l'autre: tu fais la vaisselle, je prépare le repas; tu sors les ordures, je répare la sécheuse; c'est ton tour d'aider Jeannot à faire ses devoirs, parce que je l'ai fait hier.

Nous passons tellement de temps à tout faire et à tout régler que nous oublions le dénominateur commun le plus simple, qui est à la base de toute relation – l'affection pure et simple.

L'affection consiste à se préoccuper intérieurement de la personne qu'on aime. C'est moins spécifique, mais c'est plus directement branché sur nos émotions que n'importe laquelle parmi la multitude de petites choses particulières que nous faisons effectivement l'un pour l'autre. L'affection, c'est la matrice, la base d'où proviennent les détails. Quoi que vous fassiez pour la personne que vous aimez, qu'il s'agisse d'obligations ou de faveurs, faites-le avec affection.

La beauté du risque

Prendre des risques émotionnels, parler de ce que l'on ressent, admettre l'affection que l'on éprouve ou les espoirs que l'on entretient au sujet de la personne que l'on fréquente, révéler une vieille blessure idiote, avouer une insécurité physique, tous ces actes peuvent sembler favoriser de façon infinitésimale la révélation de soi, et c'est en effet ce qu'ils font. Mais chacun d'entre eux a un pouvoir gigantesque, le pouvoir de transporter votre relation des émotions superficielles aux profondeurs de l'intimité passionnée.

Quelles sont les petites révélations que vous pouvez faire, les quelques espoirs fragiles que vous pouvez révéler? Comment pouvez-vous prendre les risques émotionnels qui vous permettront de recréer et d'approfondir votre amour.

Être intègre

L'intégrité est l'état qui consiste à maintenir notre propre centre spirituel. Cela signifie qu'au centre de vous-même ce que vous faites et ce à quoi vous croyez sont en interrelation, de telle façon que non seulement ils se symbolisent l'un l'autre, mais qu'ils sont l'expression l'un de l'autre.

Être intègre, c'est être une personne de qualité, c'est représenter par vos mots et par votre comportement les vérités auxquelles vous croyez, les valeurs comprises dans vos pensées les plus élevées, dans vos visions les plus claires. Quand nous sommes intègres, les autres peuvent avoir confiance en nous, et nous pouvons avoir confiance en nous-mêmes. Nous savons que ce que nous offrons dans nos relations est dépourvu de sensiblerie, de mensonges ou d'impureté.

Quand nous sommes intègres, nous avons la paix en nous-mêmes et nous procurons la paix aux autres.

Nommer nos blessures

Nous avons tous reçu de grandes blessures de nos parents, des blessures qui ont façonné nos vies. Nos blessures ne représentent pas seulement nos incapacités, mais, grâce à l'alchimie du temps et de la guérison, elles représentent également les contributions que nous devons apporter au monde.

Nous sommes toutefois incapables d'utiliser nos talents ou de nous amuser tant que nous n'avons pas compris la nature et la profondeur de nos blessures, dans quelle mesure elles nous ont marqué, et quelle force la cicatrice a créé en nous.

Nommer vos blessures, c'est les connaître et entreprendre le processus de guérison. Alors posez-vous aujourd'hui les questions suivantes, et répondez du plus profond de votre âme: Quel est le nom de la blessure qui m'est venue de ma mère? Quel est le nom de la blessure qui m'est venue mon père? Nommer les blessures, c'est le commencement de la guérison.

La souffrance de l'amour

Il est pénible de côtoyer le grand amour, que ce soit l'amour que vous observez ou l'amour que vous recevez. Car l'amour nous met en présence de sentiments extrêmement intenses – de désirs, d'espoirs, de rêves et d'espérances – qui peuvent par moments être presque accablants.

L'amour ne nous laisse jamais végéter, ne nous laisse pas attendre passivement et profiter des bonnes choses. Il nous demande de voir qui nous sommes, d'être plus grands, et même de devenir ce que, dans le plan éternel, original et infini, nous étions destinés à être.

Alors si vous ressentez la souffrance de l'amour, n'allez pas vous méprendre et vous imaginer que votre amour est mauvais ou que la souffrance en est la seule vérité. Parce que la souffrance représente les joints derrière la tapisserie de l'amour, lesquels en contrepartie offrent sur le devant un motif d'une exquise beauté.

Les ailes de l'amour

L'amour, ce sont les ailes qui nous transporteront de la vie à la lumière. L'amour est ce qui rend la vie possible et la mort supportable, tant notre propre mort que les départs affligeants de toutes les personnes que nous avons aimées.

Car c'est l'amour et seulement l'amour qui comble l'abîme entre la vie telle que nous la connaissons et la vie telle que nous la découvrirons après notre mort. Quel que soit l'amour que nous ressentons, que nous donnons, que nous découvrons ou que nous recevons dans la vie présente, cet amour est le modèle, le prototype et la fenêtre de l'inestimable amour radiant, pur, incompréhensible que nous éprouverons dans la lumière après la vie.

Soyez bienveillant pour vous-même

Quand nous sommes épuisés, vides, ou que nous nous sentons maltraités, il n'est rien que nous puissions tirer de nous-mêmes pour donner aux autres, et notre capacité aussi bien de donner que de recevoir l'amour est tout doucement amputée. Nous voulons nous retirer, nous soustraire au courant du fleuve humain. Dans cet isolement, non seulement nous nous volons nous-mêmes, mais nous privons également les autres de la joie que notre présence peut leur procurer.

Prendre soin de vous, vous nourrir et vous ressourcer, ce n'est pas, comme on l'imagine parfois, une question de complaisance. C'est la bienveillance envers un être humain, vous-même, qui est la source même de votre bienveillance à l'égard des autres.

Garder la foi

Garder la foi, c'est espérer un résultat positif même si les signes – il n'a pas téléphoné, la lettre n'est pas arrivée – semblent pointer dans une autre direction.

Garder la foi, c'est être confiant que vous êtes aimé, même si pour le moment vous n'en avez pas la preuve. C'est croire que la personne qui vous aime ne cessera pas de vous aimer à l'improviste, sans aucun avertissement. Garder la foi, c'est entretenir la certitude qu'il doit y avoir une bonne raison pour qu'il n'ait pas téléphoné, pour qu'elle ait oublié d'écrire. Peut-être l'avion a-t-il été retardé, peut-être la lettre a-t-elle été mal adressée.

Garder la foi ne consiste pas à entretenir des espoirs irréalistes; il s'agit plutôt d'accepter de donner le bénéfice du doute. Garder la foi demande des efforts. C'est l'acte de croire que vous êtes aimé. Et cette croyance elle-même augmentera vos chances de découvrir que vous l'êtes.

En toute générosité

La générosité est l'une des caractéristiques de la personne qui aime. La générosité, c'est faire plus que nécessaire, garder son cœur ouvert, ne pas mesurer les conséquences, et présumer que vous n'avez pas été trop bête d'être si généreux de vos ressources, quelles qu'elles soient.

La plupart du temps, nous sommes tous trop avares de nos ressources, nous avons peur de trop donner et de le regretter par la suite. Mais il est très vrai que plus vous donnez, plus vous recevez.

Alors cultivez votre générosité. Soyez généreux de votre argent, de votre temps, de vos mots, de votre corps. Soyez un ami, un amoureux, un amant généreux; soyez un parent généreux, un enfant généreux. Vous comblerez la vie des autres, et vous serez vous-même récompensé par la reconnaissance des richesses que vous avez à donner.

Une personne magique

De temps en temps entre dans chacune de nos vies une personne magique. Venu de nulle part, sans raison apparente, un être humain apparaît qui entretient avec la vie une romance si merveilleuse et si rare, si bizarre et si sacrée que, sans faire aucun effort, il nous enchante avec son extraordinaire cadeau pour la vie.

Ces personnes sont des magiciens de la vie, des marchands de joie, des visionnaires de l'exceptionnel. Elles brassent nos marmites; elles hérissent nos plumes. Elles collent des étoiles scintillantes dans le ciel sombre de nos vies banales. Vivant par magie, elles nous permettent de retrouver la magie en nous. Sachant que l'amour est la seule vraie magie qui soit, elles nous invitent de nouveau – avec leurs mots, avec leurs manières, avec leurs rêves, avec leur foi – à croire au pouvoir magique de l'amour.

Aujourd'hui, ornez votre cœur de gratitude pour la personne dont la magie a merveilleusement transformé votre vie.

Veiller

Comment pouvons-nous témoigner notre affection envers la personne qui souffre, envers l'ami qui doit subir une opération chirurgicale qui le défigurera, le collègue accusé injustement, le parent accablé par les outrages de l'infirmité? Nous pouvons essayer de notre mieux de vivre la situation avec eux, de leur offrir notre présence, nos mots, nos cadeaux et nos fleurs en symbole de notre amour, et notre sympathie pour ce qu'ils vivent.

Mais nous devons nous rappeler que parfois il suffit de veiller. Sans fanfare, nous pouvons allumer doucement une chandelle dans notre âme au nom de la personne qui souffre; nous pouvons ouvrir nos cœurs et transmettre le pouvoir de guérison de notre amour.

Le chat qui dort

Vous vous souvenez du vieux proverbe, «Il ne faut pas réveiller le chat qui dort»? C'est parfois exactement la formule qui convient pour l'amour. Ce que cela signifie, c'est qu'il ne faut pas faire un drame avec tout. Il ne faut pas se disputer pour la moindre chose, chercher à tout analyser et à tout solutionner.

Ne faites pas une affaire d'État du fait qu'il a oublié la crème fouettée pour les fraises. Ne la crucifiez pas, parce qu'elle a pris tout le savon pour sa douche. Nous faisons tous des erreurs, et cela sans raison particulière ou importante sur le plan émotif.

Si vous réagissez trop fortement, calmez-vous. Laissez faire les petites choses; gardez votre énergie pour ce qui est vraiment important. Il y a bien assez de choses vraiment sérieuses qui méritent des discussions.

Amitié mythique

Sous chaque amitié se trouve l'image mythique du rôle que vous remplissez l'un pour l'autre, un portrait de la signification réelle et curative de votre relation.

Grâce à cette image vous découvrirez qu'un ami est un frère ou une sœur d'esprit, le père que vous n'avez jamais eu, la mère qui ne vous quittera jamais, le magicien qui a la réponse, ou l'image de vous-même que vous aviez cherchée pendant des années.

Voir nos amis sous cet éclairage, c'est élargir le sens de nos relations avec eux, c'est savoir que, au-delà des plaisirs et des interactions simples et tendres que nous partageons, quelque chose de bien plus complexe se produit.

Aujourd'hui, examinez les portraits mythiques de vos amis. Qui sont-ils réellement? Quel rôle jouent-ils? Quelle est l'histoire secrète que vous guérissez grâce à eux?

Relation: l'entreprise

L'amour est une émotion, mais la relation est une entreprise. Le degré auquel nous nous sentons aimés dans nos relations est directement proportionnel à notre façon de nous comporter, à ce que nous disons, offrons, reconnaissons, et avec ce à quoi nous sommes sensibles chez un autre être humain.

C'est pourquoi, bien que nous n'aimions pas le croire, sur le plan de notre relation interpersonnelle l'amour est conditionnel à notre comportement. L'amour, l'émotion, ne reste pas là éternellement devant l'inattention et les mauvais traitements manifestés par les gens concernés.

Alors si vous voulez que votre partenaire sente l'amour que vous éprouvez dans votre cœur, assurez-vous d'écouter, de découvrir ce que, dans son âme, elle a besoin d'entendre, de voir, de constater et de recevoir; ce que, au plus profond de son âme, il a besoin de se faire dire, comment il a besoin d'être touché, d'être encouragé, d'être chéri, d'être cru.

Le silence d'un autre

Quand une personne proche de vous, qui est normalement ouverte et communicative, se replie soudain, se ferme ou garde le silence, vous pouvez avoir une tendance à critiquer ou à vous mettre en colère, à juger ou à attaquer. Les modifications dans le comportement émotionnel signifient toujours quelque chose, et il faut de la compassion pour se retenir de porter un jugement et essayer plutôt de comprendre.

Alors quand quelqu'un près de vous devient soudainement silencieux, plutôt que de le juger ou de l'abandonner, inquiétez-vous avec délicatesse: «Est-il arrivé quelque chose? Est-ce que tu traverses un moment difficile? Y a-t-il quelque chose dont tu aimerais que nous parlions?»

Pénétrez dans le silence de l'autre avec des mots affectueux, et ils en sortiront peut-être avec vous.

Entretenir la vigueur

L'amour entretient ce qui est vivant dans une autre personne. Ce qui est vital en chacun de nous est palpitant et extraordinaire. Cela peut même, selon les conventions de notre pensée individuelle, sembler inadéquat ou étrange. Mais l'amour reconnaît la force d'expression dans toute sa myriade de formes et sait que c'est sa vigueur en chaque individu qui est l'étincelle du divin.

Nous devrions donc toujours rechercher ce qui est unique dans la personne que nous aimons, et résister à la tentation de la façonner conformément à nos propres instincts personnels, à nos principes, à nos désirs; nous devrions plutôt faire tout ce que nous pouvons pour favoriser son accomplissement, l'inviter à s'épanouir.

Laisser l'autre être

Souvent, plutôt que de nous réjouir simplement de nos relations, nous voulons les contrôler, les assouplir, les réduire, les tailler précisément à la mesure des besoins que nous voulons satisfaire. Plutôt que de laisser la personne que nous aimons avoir des ailes, nous lui attachons des pierres aux pieds, pour nous assurer qu'elle traîne toujours à nos côtés, qu'elle n'aille pas plus vite que nous, qu'elle emprunte uniquement les destinations que nous avons en tête.

Quand nous nous trouvons en situation de dicter l'amour, que nous essayons de le contenir, en nous comportant comme des Lilliputiens qui restreignent sans fin les Gullivers de nos rêves, nous devons nous rappeler que le véritable amour signifie aussi laisser l'autre s'épanouir, même si ce n'est pas précisément de la façon que nous souhaitions ou que nous avions imaginée. Et quand nous sommes capables de lui offrir la liberté, nous la recevons en retour.

La colère comme amour de soi

La colère est une prière audible et ardente, une affirmation passionnée du fait que, bien que nous ayons été mal aimés par le passé, nous croyons que nous méritons d'être aimés convenablement maintenant.

En exprimant notre colère, nous révélons nos espoirs; en disant notre colère, nous révélons la valeur inestimable que nous accordons à nos âmes. La colère est l'émotion de l'assertion; quand nous communiquons notre colère, nous insistons sur notre droit d'être bien traités par ceux qui déclarent nous aimer.

Alors honorez votre colère quand elle se produit. Y a-t-il quelque chose qui vous met en furie? Quelque chose que la personne que vous aimez a fait ou oublié de faire? Si oui, essayez de trouver une façon créative de l'exprimer, pour que, plutôt que d'être une explosion créatrice de discorde, votre colère puisse apporter plus d'amour.

Un grand art

Bien écouter est l'un des grands arts de l'amour. En écoutant, en suspendant votre dialogue intérieur et votre concentration sur vous-même, vous vous disposez à vivre l'un des plus grands mystères de la vie, l'expérience d'un autre être humain totalement différent.

Écouter est un cadeau que vous faites à la personne que vous aimez, mais c'est également un présent pour vous-même. Parce que quand vous écoutez réellement une autre personne, vous savez quoi lui donner; et quand vous donnez, vous êtes comblé, parce que, au plus profond de nous-mêmes, c'est notre nature véritable de donner.

À qui, aujourd'hui, pouvez-vous offrir le précieux cadeau de votre écoute?

Sentir plus d'amour

Du fait que nous avons tous besoin de plus d'amour, nous avons souvent l'impression que, si seulement nous pouvions avoir plus d'amour, nous pourrions en éprouver plus.

La vérité, c'est que l'expérience de l'amour ne vient pas seulement de la satisfaction de notre propre besoin d'amour (il m'a apporté un bouquet de fleurs, donc je me sens aimée), mais de l'expérience plus mature de notre faculté de nous voir nous-mêmes capables de donner l'amour (les mots merveilleux, l'empathie venue du fond du cœur, le geste consolateur) dont une autre personne a besoin.

Alors pour sentir l'amour, soyez aimant – et votre cœur sera rempli jusqu'au bord des bienfaits de votre généreux amour.

Être et ressentir

L'amour est une disposition de l'être aussi bien qu'une émotion. Quand nous l'expérimentons comme un état de notre conscience, nous sommes en harmonie avec tout ce qui nous entoure, le monde que nous habitons, et la vie à laquelle nous participons. Nous savons que nous appartenons à l'univers; nous pouvons être généreux de nos âmes.

L'amour, l'émotion, est un ensemble de sentiments que nous ressentons envers une autre personne et qui éblouissent nos cœurs. L'amour, le sentiment, nous permet d'être heureux, joyeux et optimistes. Nous ressentons de l'attirance, de l'attachement, des attentes et de l'espoir.

Bien qu'il puisse vous arriver de ne pas ressentir l'amour, l'émotion, vous pouvez toujours disposer votre être à la présence de l'amour. Plus vous vous permettrez de ressentir l'amour, plus vous l'expérimenterez comme une disposition de votre être, jusqu'à ce que, avec le temps, les deux cessent d'être séparés et parallèles pour devenir un.

L'aveuglement de l'amour

Comme on nous l'a souvent dit, l'amour, ce merveilleux sentiment que nous éprouvons au début de nos aventures sentimentales, est aveugle. Ce que cela signifie, c'est que nous suspendons la partie objective, critique et appréciative de nos aptitudes perceptives, que nous nous laissons aller uniquement à ressentir.

Les réalités de la vie sont toutefois beaucoup plus complexes que les sentiments. Nous avons des obligations et des responsabilités; nous vivons dans une situation et dans un contexte particuliers. En plus des sentiments que nous ressentons sur le moment, nous sommes aux prises avec des sentiments du passé qui peuvent refaire surface, inattendus et non désirés, et ravager notre conscience.

C'est donc au moment et à l'endroit précis où l'amour aveugle et la réalité concrète se rencontrent que l'amour demande le plus de nous. Car bien qu'un nouvel amour soit vraiment et délicieusement aveugle, la réalité est incroyablement exigeante.

Aller vers la paix

Disposez-vous à faire régner la paix dans votre relation en exprimant à la personne que vous aimez la profondeur de votre désir de paix. Demandez-lui de vous indiquer un seul petit changement qu'il ou elle souhaiterait que vous réalisiez (ne pas laisser le courrier sur la table de la salle à dîner, baisser le volume de la télévision, l'embrasser tous les soirs en lui disant bonne nuit, dire les grâces) pour rehausser son sentiment de paix, d'harmonie dans la vie que vous partagez.

Demandez-lui de vous dire ce qu'il ou elle pourrait faire pour améliorer votre sentiment d'harmonie domestique, émotionnelle et spirituelle. La paix est un état de grâce, mais pour y parvenir il faut faire des efforts, il faut avoir la délicatesse de connaître – et de faire – les gestes susceptibles de créer la paix pour l'un et pour l'autre.

L'amour n'a pas de frontières

L'amour n'a pas de limites, pas de frontières. L'amour efface nos différences, et dans l'amour nous sommes tous fondus. L'amour est à la fois plus grand et étrangement plus petit que tout ce que nous connaissons. L'amour nous transperce et nous empoigne et nous poursuit et nous prend par surprise. L'amour est tout ce que nous savons et tout ce que nous ne savons pas; c'est tout ce que nous apprendrons, dans le temps intemporel, dans le lieu qui n'est pas un lieu mais qui est tous les lieux.

Pensez à la paix que vous ressentez, au merveilleux sentiment de la véritable perfection des choses que vous éprouvez, par exemple, après avoir fait l'amour, après avoir pleuré avec un ami, après avoir eu une conversation émouvante, après avoir été reconnu par quelqu'un.

Élargissez maintenant ces sentiments en disant merci à la personne qui les a créés pour vous. Faire cela, c'est repousser les frontières, augmenter la portée de votre amour.

Période d'initiation

Toute relation, que ce soit un mariage, une amitié, la relation entre un parent et un enfant, ou entre un patron et un employé, traverse une période d'initiation.

C'est le temps pendant lequel la relation vacille, cherche son assise, ignore où elle va. C'est un temps d'émerveillement et de doute, un temps où vous avez l'impression de vous égarer, où vous cherchez des points de repère qui semblent constamment vous échapper, parce que ce n'est que par l'initiation qu'ils verront le jour.

Ne vous alarmez pas si vous vous trouvez dans cette espèce de *no man's land* émotionnel. C'est dans la nature même de l'initiation d'être dépourvue de carte routière. Pour vous réconforter, demandez-vous ce qui est en train de se créer. S'agit-il d'une nouvelle relation? De la guérison d'une vieille blessure? De la naissance d'un nouveau pouvoir en vous? Sachez qu'un jour l'inconfort de votre initiation deviendra proportionnel à la qualité de la relation que vous avez créée.

La bonne dispute

Dans la dispute, chaque phrase qui pousse vers la guérison et la résolution, chaque once d'aveu, chaque admission de culpabilité doit être soulignée par une expression de gratitude et de reconnaissance de la part de la personne qui écoute. «Merci de me l'avoir dit; je comprends mieux maintenant pourquoi tu as dit cette chose qui m'a fait mal»; «J'accepte tes excuses; merci d'avoir dit que tu regrettais».

Dans tout conflit qui se respecte, il est primordial de répondre positivement à chaque remarque qui vous pousse, peu importe le degré de délicatesse, dans la direction de la guérison et de la résolution. En adoptant cette attitude comme règle générale, vous transformerez les disputes dans votre relation: la querelle pour la querelle deviendra une controverse qui aura pour résultat fort estimable de solidifier merveilleusement votre union.

L'intelligence de l'amour

L'amour requiert de l'intelligence, pas seulement dans la générosité du don, mais aussi dans la considération accordée à la personne à qui nous donnons, à ce qui lui fait plaisir, à ce qu'elle est heureuse de recevoir.

C'est que nous avons tous besoin que l'amour nous soit livré précisément selon les façons dont nous sommes capables de le recevoir. Si la personne que vous aimez est aveugle, vous ne pouvez pas lui faire la cour en vous assoyant sur le sofa pour regarder des vidéos. Si la personne que vous aimez est sourde, vous ne pouvez pas la courtiser à l'aide de Chopin et Rachmaninov.

Tout comme la femme aveugle peut goûter le toucher de votre main sur sa joue, mais pas une image photographiée, ou que l'homme sourd peut être ému par une toile de Picasso, mais pas par la sonate au Clair de Lune, chacun de nous a certaines capacités de recevoir qui sont bien développées, et d'autres avenues de réception qui sont rompues ou sous-développées. Qu'est-ce qui fait que la personne que vous aimez se sent aimée?

Totale liberté

L'amour est l'antithèse de la possession, de la domination et de l'oppression. Vous saurez donc que vous êtes en présence de l'amour quand vous vous sentirez capable d'être merveilleusement tout ce que vous êtes.

La personne qui vous aime vraiment sentira, intrinsèquement, qui vous êtes, et non seulement elle vous invitera à être vous-même le plus complètement possible, mais, grâce aux miraculeuses transformations de l'amour, elle vous incitera à exploiter vos possibilités jusque dans leurs dimensions les plus insoupçonnées, à vous développer dans vos dimensions les plus extravagantes.

Quand vous vous sentez étouffé, opprimé et écrasé, comme un petit oiseau coincé dans une boîte d'allumettes, vous n'êtes pas en présence de l'amour, mais du besoin qu'éprouve une autre personne de vous contrôler à cause de son besoin d'être aimée. Quand vous êtes vraiment aimé d'une autre personne, vous êtes libre d'être vous-même. Le véritable amour vous accorde la liberté absolue, la liberté d'être à jamais engagé dans le processus de votre propre devenir.

L'amour est la colle

Aujourd'hui, souvenez-vous que l'amour est la colle qui peut recoller votre cœur quand vous avez été blessé par la personne que vous aimez, quand vous avez parlé avec dureté à vos enfants, quand vous avez agi avec une mesquinerie sans nom à l'égard de votre meilleur ami.

Par l'amour et avec l'amour, nous pouvons reconstruire le pont entre nous, le pont qui peut nous élever au-dessus de l'abîme créé par les circonstances malheureuses, par notre impatience et notre peur, ou par des problèmes qui nous semblent accablants. Nous ne pouvons pas être parfaits, et de temps à autre nous nous faisons beaucoup de mal les uns les autres, mais avec la colle de l'amour nous pouvons cimenter nos relations fracturées, reconstituer une jolie mosaïque faite de couleurs et de formes merveilleuses.

La sonate de l'amour

Le cachet d'une bonne relation, c'est qu'elle est généralement harmonieuse. Quelles que soient ses autres caractéristiques, faiblesses ou défauts possibles, dans son essence elle est harmonieuse, elle possède en son cœur un sens intrinsèque d'absolue justesse.

Cela signifie que malgré toutes les choses qui vont de travers dans votre relation, même devant toutes les choses que vous lui infligez vous-même, vous reviendrez encore et toujours au point calme de son centre, au *basso continuo* contre lequel les mélodies toujours changeantes de votre relation s'exécuteront sans fin.

Alors même si votre relation peut vous sembler discordante en ce moment, permettez-vous de sentir à nouveau la résonance en son centre. Il n'est pas de résolution thématique plus puissante que de reconnaître l'harmonie de vos instruments individuels.

331

L'affirmation de soi

L'affirmation de soi – savoir ce que vous voulez et soutenir votre cause en présence de la personne qui vous aime – est l'une des caractéristiques d'un sain amour de soi, l'un des plus doux privilèges d'une relation débordante de vie.

Cela veut dire qu'en cas de conflit, plutôt que de reculer, d'abandonner ou de vous taire, vous exprimerez calmement, mais fermement ce dont vous avez besoin, et vous serez prêt à clarifier ou à répéter si vous n'obtenez pas la première fois la réponse que vous attendez.

Si vous êtes comme la plupart du monde, il y a probablement quelque chose qui vous dérange dans votre vie et qui ne s'est pas imposé à vous. Aujourd'hui, arrêtez-vous pour découvrir ce que c'est, puis prenez le risque d'avoir la conversation qui vous poussera à troquer la lâcheté des cachettes pour le courage de la saine affirmation de vous-même.

La magnitude de l'amour

Rien dans votre vie n'est plus important que l'amour que vous ressentez, dont vous avez besoin, ou que vous recevez. Aucune réalisation n'est comparable, quels qu'en soient le mérite ou le salaire. Aucune tragédie ne pourra jamais le supplanter complètement; aucune aventure, même la plus excitante ou la plus captivante qui soit, ne pourra jamais égaler l'immense pouvoir de l'amour dans votre vie.

L'amour sera plus difficile que toutes les exigences ridicules et stimulantes que sont les responsabilités de l'âge adulte, plus fort que tous les chagrins déchirants et les blessures non guéries de l'enfance, plus puissant que les déceptions insignifiantes de la vie quotidienne. Car l'amour est plus grand que le chagrin et persiste au-delà du temps. L'amour est plus grand que la vie.

Laissez-vous envahir maintenant par le pouvoir de l'amour, souvenez-vous que l'amour est toujours avec vous, et que quoi qu'il vous arrive l'amour ne partira jamais vraiment.

Invitez l'amour

Rien ne vous apprendra plus de choses sur votre souffrance émotionnelle, votre âme, vos blessures, vos rêves, vos valeurs, vos désirs, vos forces et vos faiblesses, qu'une relation quotidienne avec un autre être humain.

Alors si vous voulez grandir, si vous voulez être tout ce que vous devriez être ou pourriez être, invitez une relation à entrer dans votre vie, ou insistez pour qu'une relation que vous avez déjà entreprise se poursuive à un niveau plus profond.

Favorisez la formation d'une relation. Révélez une chose que vous avez toujours gardée pour vous-même (J'ai toujours eu peur). Posez une question qui implique une réflexion sur l'intimité (Quel est ton rêve le plus secret?). Faites un compliment du fond du cœur (Tu es merveilleuse). Rien ne vous donnera plus de vous-même.

Le don d'être parent

Quand nous voyons les innombrables âmes meurtries d'enfants qui ont mal tourné à l'âge adulte, nous constatons que ce que bien des parents appellent aimer n'est pas de l'amour, mais de la critique, de la répression, de la restriction, de la compétition et de l'annihilation spirituelle. Nos peurs nous amènent souvent à vivre dans un monde fermé, et les peurs que nous éprouvons pour nos enfants, plutôt que de nous aider à les protéger, peuvent nous amener à fermer leurs mondes et à froisser leurs esprits sensibles.

La vérité est que nous ne sommes pas vraiment plus grands ni plus sages que nos enfants, et que par conséquent notre plus grande sagesse devrait consister à reconnaître ce fait. Seuls les parents très doués ou très aimants permettent à leurs enfants de leur apprendre. Essayez de compter parmi ceux-là.

Les habitudes de l'amour

Il y a dans toute relation des façons particulières avec lesquelles vous vous unissez à un autre être humain, et partagez avec lui des pratiques qui vous sont spéciales à tous les deux. En faisant l'amour, par exemple. En échangeant des mots d'esprit après le souper. En allant faire une promenade tous les dimanches, en travaillant côte à côte dans le jardin, en faisant des prières, en partageant un chagrin, en organisant des repas de fête, en vous allongeant côte à côte, peau contre peau dans l'obscurité pendant des heures.

Peu importe à quel point ces habitudes, rituels ou événements peuvent paraître banaux, ridicules, étranges ou ordinaires, ils *sont* notre façon de nous aimer l'un l'autre. Ils ont une valeur précieuse, inestimable.

Nous ferions donc bien de noter consciemment les moyens par lesquels nous démontrons notre attachement à la personne que nous aimons, parce que c'est par eux que nous nous nourrissons, et c'est ainsi que nous aimons vraiment.

L'amour tient le miroir

À l'intérieur des complexités de nos esprits, nous savons tous à quel point nous avons besoin d'être vus. Nous n'avons jamais été suffisamment vus en parvenant à l'âge adulte pour être capables de nous voir vraiment nous-mêmes: qui nous sommes, de quoi nous avons l'air, ce que nous sommes venus faire ici, à quel point nous sommes brisés, ce qui nous touche et nous émeut.

Connaître les différentes façons dont vous avez besoin d'être reflété – et découvrir les images que la personne que vous aimez souhaiterait également recevoir d'elle-même – est l'une des tendres entreprises de l'amour.

Alors aujourd'hui, essayez d'identifier un aspect de vous-même qui est encore invisible pour vous – votre humour, vos talents d'artiste, votre intelligence – et dites à l'autre combien vous avez besoin d'en voir le reflet. L'amour est le miroir dans lequel nous voyons reflétée l'image la plus vraie de nous-mêmes.

Faire l'amour

Faire l'amour est plus que de la complaisance physique, plus qu'un soulagement physique. C'est un dialogue entre deux âmes, l'interface entre le matériel et le spirituel.

Si vous éprouvez des déceptions dans votre relation sexuelle, demandez-vous comment votre conception de la sexualité limite la qualité de votre expérience. Et la prochaine fois que vous ferez l'amour, permettez-vous de goûter l'expérience non seulement en tant que plaisir physique, mais en tant que rencontre avec le sacré.

Trop d'amour?

Il est impossible de trop aimer vos enfants. Vous pouvez les aimer mal: stupidement, en n'accordant pas suffisamment d'attention à ce qu'ils sont; égoïstement, en les formant pour qu'ils soient à votre service; aveuglément, en ignorant leur nature incroyablement unique, mais ce ne sont pas là des formes d'amour, c'est de l'ignorance parentale.

N'ayez donc pas peur d'aimer vos enfants. Aimez-les fortement, joyeusement, sagement: avec votre cœur, avec vos bras, avec votre esprit; avec votre affection, avec votre colère, avec votre vérité, avec la volonté de vous révéler à eux comme un être humain tridimensionnel ayant des sentiments.

Ne vous laissez pas influencer par cette notion de vieilles bonnes femmes mesquines, qui croient qu'on «gâte» nos enfants en les aimant trop, parce que le degré avec lequel vous les aimerez déterminera à quel point ils seront entiers, à quel point ils seront capables, le temps venu, de donner de l'amour en retour.

Pas tout permis

L'amour n'autorise pas qu'on se comporte mal. Le simple fait d'aimer une personne ne signifie pas que vous ne pouvez pas lui faire du mal.

Vous moquer de votre femme, parce qu'elle a le rhume des foins, ou de votre mari, parce qu'il a pris cinq kilos, ou de votre enfant, parce qu'il est tombé dans la boue, ce n'est pas bien. Ce n'est pas vrai que «C'est ma femme, ça ne lui fait rien», ou que «C'est mon mari, ce n'est pas grave», ou que «Ce n'est qu'un enfant». Tout cela fait mal; ça fait toujours quelque chose; c'est toujours pénible.

Soyez conscient aujourd'hui de ce que vous dites, de ce que vous pensez, et de ce que vous faites pour que votre comportement incarne vraiment, et toujours, les bons sentiments que vous éprouvez dans votre cœur.

Écouter avec votre cœur

Le véritable amour écoute, conscient que c'est dans le mystère de l'échange que nous sommes unis, et que l'échange véritable se produit non seulement par ce qui est dit, mais par ce qui est reçu profondément. C'est la bouche qui prononce les mots, mais c'est le cœur qui écoute, et c'est là que tombe le sens, comme une pierre au fond d'un étang, laissant une empreinte au niveau le plus profond.

Profitez de cette journée pour écouter vraiment une personne qui est proche de vous. Car tandis que le fait de parler peut nous soulager – nous délivrer du poids de l'information ou des sentiments que nous transportions dans la solitude – le fait d'écouter nous transforme. La pierre qui tombe au fond de l'étang quand nous écoutons affecte nos âmes, exigeant que nous fassions de la place dans nos cœurs pour nous sentir imprégnés de l'essence d'un autre être humain.

En union

Aimer, c'est savoir que vous vivez en union avec toutes les autres créatures dans un monde qui est lui-même vivant et constamment en devenir; en bref, vivre c'est savoir que vous existez dans un monde dont la plus grande harmonie est l'amour.

Quels que soient les expériences, les conflits ou les déceptions qui vous assaillent aujourd'hui – les mots durs, le rendez-vous annulé pour le déjeuner, l'appel urgent auquel on n'a pas répondu – essayez de vous rappeler que ces événements se produisent à un niveau peu important de la vie. Au niveau le plus élevé, nous sommes tous unis; tout est parfait, tout est simultanément de la plus haute importance et sans aucune importance, et il y a une raison invisible, magnifique et immense pour tout. Nous sommes tous en union.

L'amour dont nous avons besoin

Nous pensons que l'amour que nous voulons est l'amour que nous avons besoin d'obtenir; mais le secret le mieux gardé sur l'amour est peut-être que notre plus grand besoin concerne l'amour que nous avons à donner.

Être capable d'aimer et de faire accepter notre amour est la plus grande satisfaction que l'amour peut nous offrir; parce qu'en constatant notre capacité d'aimer, nous découvrons la raison même de notre existence. Nous comprenons de la façon la plus profonde le sens de notre existence, parce que c'est dans l'expérience de notre capacité d'aimer que nous nous percevons nous-mêmes le plus complètement.

Comment avez-vous réprimé votre propre impulsion de donner? Quels compliments avez-vous gardés pour vous-même? Quelles offrandes, matérielles ou spirituelles, avez-vous négligé de partager par excès de timidité? Avez-vous à donner quelque chose que vous gardez pour vous? Donnez-le aujourd'hui.

Une offrande des anges

D'une certaine façon, nous sommes tous des mendiants démunis à la recherche de la tendresse maternelle et paternelle dont nous avons manqué. Par conséquent, quand nous sommes dans une relation, l'une des plus grandes questions est de savoir comment celle-ci pourra nous nourrir. Nous voulons, nous avons besoin; nous sommes désespérés, affamés, et transis, et notre première préoccupation, qu'elle soit consciente ou inconsciente, s'attache à l'immense liste de nos besoins inassouvis.

Faire panser nos blessures, faire sécher nos larmes, être enfin réconfortés dans un tendre enlacement qui peut dissoudre nos anciens chagrins, voilà toutes les promesses, les remèdes sacrés d'un nouvel amour.

Mais panser les blessures, sécher les larmes, devenir les bras dont l'enlacement peut modifier la chimie de l'âme blessée, voilà les miracles de l'amour épanoui, de l'amour accueilli, transformé, et, comme une offrande des anges, mille fois rendu.

Sécurité absolue

Aimer c'est s'ouvrir en toute sécurité. Cela signifie qu'au lieu de nous protéger, dans ce que nous faisons, dans ce que nous disons, nous sommes confiants d'être dans un environnement émotionnel qui est un véritable sanctuaire pour nous, et qui nous permet de révéler ce qui est au plus profond de nos âmes.

Bien que ce processus d'ouverture nous rende vulnérable et par conséquent nous effraie, c'est justement cette expérience qui nous permet de développer une délicieuse intimité avec les personnes que nous aimons. Nous ouvrir en présence d'une autre personne, c'est l'amour que nous pouvons recevoir, et permettre aux autres de s'ouvrir ainsi, c'est l'amour que nous pouvons donner.

Être reflété

Être reflété, c'est nous faire renvoyer une image de nous-mêmes. Quand nous sommes reflétés, nous entrons en possession de nous-mêmes d'une façon différente, plus puissante. Au lieu de l'incertitude bégayante que nous éprouvons souvent dans notre connaissance intérieure de nous-mêmes, nous recevons une image extérieure qui nous permet de nous percevoir avec un plus grand sentiment de conviction.

Vous laisser refléter est un des signes d'amour pour vous-même. Cela signifie que vous êtes suffisamment confiant de votre propre valeur pour vouloir que les gens vous montrent à vous-même. Cela signifie que vous voulez être plus – et être meilleur – que vous ne l'avez été dans le passé. Cela signifie que vous n'avez pas peur de voir votre beauté, votre force, ou vos faiblesses.

Alors laissez-vous refléter. Entourez-vous de gens dont l'essence peut vous renvoyer une image de vous-même.

Préférence sexuelle

Dans la sexualité, comme dans tout autre domaine, votre partenaire n'est pas un devin. Il ou elle a besoin de se faire dire ce que vous aimez et ce que n'aimez pas. La communication sexuelle est souvent difficile, mais le point de départ c'est ce que nous savons déjà de nos peurs, de notre sentiment de liberté ou de contrainte, et de notre sensualité: «J'aime quand tu touches mon visage»; «Touche-moi très délicatement s'il te plaît; mon corps a besoin de temps avant de recevoir les sensations».

En plus de communiquer vos préférences, vous devez vous enquérir de celles de l'autre: «Préfères-tu qu'on éteigne la lumière? Est-ce que je vais trop vite?»

Bien que ces choses puissent sembler étrange – nous n'avons jamais, par exemple, entendu nos parents parler de telles choses – il est vraiment nécessaire que nous nous disions et que nous nous montrions l'un à l'autre ce que nous désirons. Car alors nos rencontres sexuelles seront plus que du sexe; nous ferons vraiment l'amour.

Les problèmes sont créateurs

Il nous arrive souvent de nous démener comme des diables dans les bourbiers de nos vies, attendant, espérant et priant pour que viennent les jours heureux où les choses se tasseront, où tous nos problèmes seront résolus, et où nous pourrons vivre dans la plus parfaite béatitude... Mais ce jour ne vient jamais, heureusement.

Car dans les relations comme dans la vie, les problèmes créent le changement. Les difficultés nous stimulent, les crises nous poussent au changement, et le changement entraîne des transformations. Nous n'aimons peut-être pas les problèmes, mais ils ouvrent la porte aux miracles grâce auxquels nous découvrons les mystères dans la personne que nous aimons et les plus profondes vérités sur nous-mêmes.

Qu'est-ce qui vous est révélé, quand vous pensez de cette façon aux conflits dans votre relation? Comment les problèmes auxquels vous avez dû faire face vous ont-ils transformé?

Le pouvoir de la réconciliation

Quand vous serez vraiment capable d'aimer la personne qui vous a fait du mal – avec spontanéité, avec une profondeur de sentiment et avec un plaisir authentique – alors votre cœur sera guéri de la blessure, et vous vivrez une expérience de réconciliation, un aspect de l'amour véritable.

La réconciliation, c'est plus que le fait de réprimer, d'oublier ou de rationaliser la peine qu'une personne vous a infligée. La réconciliation, c'est retourner les pièces du puzzle pour vous permettre de voir votre «ennemi» sous un nouvel éclairage, pour vous permettre de le voir en dehors du contexte de la douleur qu'il vous a causée, de le voir comme une personne aux prises avec sa propre situation, dans sa propre souffrance.

Quelle est la personne qui vous a fait du mal et que vous souhaiteriez reprendre dans votre cœur? Comment pouvez-vous retourner les pièces du puzzle pour la voir différemment, pour que votre cœur s'ouvre de nouveau?

Se souvenir, c'est aimer

C'est la loupe de la mémoire qui nous lie à la beauté de cette vie. Quand nous nous souvenons des choses merveilleuses – des lucioles, du claquement de la porte moustiquaire les soirs d'été, des draps propres, des bains chauds, du son des voix dans la salle de séjour, des feux de feuilles mortes en automne, du chocolat chaud, des promenades en traîneau – nous nous souvenons de la vie, et nous aimons la vie.

Se souvenir, c'est plus que simplement se rappeler. C'est rendre hommage à l'incarnation, dire merci pour le cadeau de la vie.

Les responsabilités de l'amour

L'amour n'est pas seulement un sentiment; c'est aussi un exercice. Ce n'est pas seulement un miracle; c'est aussi une discipline. Ce n'est pas seulement un cadeau; c'est aussi une entreprise.

Se rappeler cela, c'est participer à l'amour à un niveau différent et à des conditions différentes de ce qui nous est habituel, et ne pas faire la tête quand l'amour demande des efforts ou a des exigences extraordinaires.

Vous êtes-vous soustrait à une responsabilité de l'amour – y a-t-il une conversation que vous devriez avoir avec votre femme ou votre fils, un mot d'encouragement que vous avez négligé de donner à un ami parce que vous étiez trop fatigué, une position que vous devriez prendre dans votre communauté au nom de vos voisins ou de vos amis?

Le pouvoir de votre amour change des choses. Aujourd'hui, assumez les responsabilités de l'amour, et faites-vous l'honneur de savoir que vous êtes suffisamment fort pour porter les fardeaux de l'amour.

La communion de la réponse

L'amour est une réponse, le fait de répondre avec votre corps, votre esprit, vos mots, vos baisers, vos caresses, et vos regards à la joie, au bonheur, à l'angoisse, à la tristesse, à la chance, à la curiosité, aux réalisations, aux déceptions et à l'exaltation de la personne que vous aimez. La réponse est l'écho d'une âme à une autre, ce sont les cercles qui ondoient à l'infini vers l'extérieur et qui font que, ce que ressent, dit, fait ou ne fait pas la personne que vous aimez, est devenu réel pour vous par votre réponse.

Portez maintenant attention au degré de réponse que vous accordez à chacun, et au degré de réponse que vous obtenez vous-même.

La réponse est essentielle. La réponse, c'est l'union.

Devenir visible

L'un des plus grands problèmes émotionnels dans ce pays est le narcissisme. Nous sommes si nombreux à être incapables de nous voir nous-mêmes, parce que personne ne nous a vus, et qu'en conséquence nous sommes incapables de voir les autres. Nous nous sentons invisibles, et, incapables de sentir que nous existons nous-mêmes, nous avons de la difficulté à honorer l'existence d'un autre être humain.

Vous voir et vous aimer vous-même est donc de la plus haute importance. Parce que sans conscience de nous-mêmes, nous ne pouvons aimer personne d'autre. La conscience de soi, cependant, est une tâche complexe qui implique un certain degré de concentration sur soi-même. Regardez-vous vous-même aujourd'hui. Regardez dans le miroir, et voyez votre beau visage. Puis pensez à vous-même, à votre style personnel, à vos besoins, à vos talents et à vos rêves. Penser à vous-même, c'est vous voir mentalement, et, plutôt que d'être l'entreprise d'absorption de soi que nous imaginons souvent, c'est une étape sur le chemin vers la compassion, l'auto-discipline spirituelle qui ouvre la porte vers le véritable amour d'une autre personne.

353

L'affaire de nos parents

Personne n'est sans histoire ou sans contexte. Nous vivons tous l'héritage émotionnel non réglé que nous ont légué nos parents. En tant qu'individus conscients et en processus de découverte, nous devons vivre à notre façon parmi toutes les choses qu'ils n'ont pas résolues, jusqu'à ce que, ayant atteint le point où nous avons transformé leurs tragédies et nos enfances, nous puissions finalement faire émerger notre personnalité propre.

Quels sont les problèmes non résolus de votre mère? Quel est le problème non résolu de votre père? Avez-vous pris en main les choses qu'ils n'ont pas réglées?

À partir d'aujourd'hui, rendez à vos parents les problèmes qui leur appartiennent, en regardant votre avenir et en vous concentrant sur ce que vous devez accomplir dans votre propre vie.

L'amour est un grand dépensier

Nous ne pouvons jamais trop donner d'amour véritable, de cet amour qui comprend réellement, qui découvre volontiers et qui répond généreusement.

Nous avons parfois l'impression de trop donner – de temps, d'attention, d'énergie, d'argent – mais quand nous aimons vraiment et que nous sommes vraiment aimés, il n'est pas question de compter.

L'amour est un grand dépensier; il donne tout et reçoit tout en retour.

Servir l'amour

Nous sommes venus ici pour servir l'amour. Quelle que soit la raison pour laquelle vous croyez être venu sur la terre, vous n'avez compris qu'à moitié si vous n'avez pas compris que vous êtes venu ici pour servir l'amour.

Quoi que nous fassions, peu importe à quel point cela peut sembler banal ou prosaïque, à un certain niveau c'est une partie de notre contribution à l'évolution du courant de l'humanité.

Servir l'amour signifie que nous sommes ici pour nous consoler les uns les autres, pour être unis, pour effacer tous les différends qui nous séparent, et pour nous rappeler qu'au commencement et à la fin de tous les temps nous ne sommes qu'un.

Racontez votre histoire

Dans une relation, derrière chaque explosion et chaque conflit, derrière tout ce qui déclenche votre colère, vous fait grimper aux murs, vous met dans tous vos états, il y a une histoire qui renferme une douleur secrète. Raconter cette histoire, partager la souffrance que vous préféreriez peut-être dissimuler, c'est semer des graines qui peuvent devenir des fleurs de compréhension.

Alors quand les conflits surviennent, cherchez votre histoire et racontez-la, ou permettez à la personne que vous aimez de raconter la sienne. Les histoires nous permettent de nous rencontrer avec compassion au niveau de notre souffrance.

Quelle histoire pénible, embarrassante, qui vous révèle d'une façon poignante, avez-vous besoin de raconter? Réfléchissez à l'histoire aujourd'hui, et peut-être demain aurez-vous le courage de la raconter à une personne que vous aimez.

Le poison de la possession

Nous semblons tous penser, selon nos anciennes mythologies, que l'amour au fond est une question de possession, que si nous aimons une personne, nous posséderons cette personne et nous serons possédés par elle.

En fait, la possession est l'antithèse de l'amour. Elle traite la personne comme un objet. Elle détruit l'autonomie. Elle élimine la liberté. Elle est une forme de tyrannie spirituelle.

Exception faite de l'exclusivité sexuelle, qui est un cadeau et un choix conscient, personne n'appartient à personne. Nous nous appartenons tous à nous-mêmes, et plus nous essaierons de posséder quelqu'un, moins nous pourrons jouir de sa personne.

Le temple de transformation

Aucune relation n'est parfaite. Aucune relation ne pourra jamais vous offrir tout ce que vous voulez et tout ce dont vous avez besoin.

Dans une bonne relation, une merveilleuse relation même, vous obtenez votre condition *sine qua non*, la chose sans laquelle vous ne pouvez absolument pas vivre – la disponibilité émotionnelle, l'union sexuelle passionnée, les conversations fabuleuses sans fin, l'union spirituelle, de la compagnie pour les sports – et vous obtenez quelques-unes des choses que vous voulez vraiment – des fleurs le jour de votre anniversaire, un voyage dans le sud tous les hivers, la tolérance de votre mère, des bras solides autour de vous, des mains délicates pour sécher vos larmes. Le reste, c'est du compromis.

La réalisation de la condition *sine qua non*, c'est votre humble demeure; les choses que vous voulez vraiment, c'est la maison de rêve pour vos vacances; et l'arène du compromis, c'est le temple de votre transformation personnelle.

Dites merci

Dire merci crée l'amour. C'est une façon de reconnaître qu'une personne vous a aimé, que de la générosité de son esprit elle vous a donné quelque chose dont vous avez besoin, qu'elle vous a honoré par sa perception claire de vous.

Dire merci est un moyen d'exprimer votre reconnaissance envers la personne qui a été si généreuse à votre égard, mais c'est surtout, et c'est peut-être le plus important, une façon de vous laisser transformer par le cadeau. Par conséquent, ne pas dire merci est un moyen subtil de ne pas grandir. Cela vous empêche d'éprouver l'effet de ce qui vous a été donné.

Qui avez-vous besoin de remercier? Pourquoi? Comment avez-vous changé grâce à ce qui vous a été donné?

Dire la vérité

Quand nous disons la vérité, nous entrons dans un état d'amour avec les autres. Nous les honorons. Nous sommes confiants qu'ils veulent être avec nous en présence de la vérité.

La vérité que nous disons nous unit avec eux et avec une autre vérité plus grande, elle révèle la vérité plus profonde de l'univers entier, et nous rappelle que ce qui est peut être connu, et que nous-mêmes pouvons nous aligner sur elle.

Quand nous sommes en harmonie avec la vérité, nous sommes en paix à tous les niveaux de notre être, dans notre cœur, dans notre esprit, dans nos cellules, dans chacun de nos mouvements.

La vérité, c'est l'amour.

Sans conditions

L'amour inconditionnel est l'acceptation absolue. C'est l'amour qui comprend l'essence et embrasse l'éternel dans le personnel. Cet amour voit au-delà des faiblesses et dans les possibilités, imagine l'autre au-delà du temps, et saisit la perfection dans l'individu imparfait.

Notre amour inconditionnel peut faire des demandes inexprimables. Il peut demander n'importe quoi; parce que quoiqu'il demande, il le demande en ayant l'avantage d'avoir déjà considéré l'autre personne comme parfaite. Il est dépourvu du jugement, du ridicule, de la critique, de la mesquinerie et de l'impatience qui donnent l'impression que les requêtes de l'amour imparfait sont des insultes ou des demandes écrasantes pour l'esprit.

L'amour inconditionnel refaçonne l'être aimé dans le moule de l'amour. L'amour inconditionnel suscite l'amour inconditionnel.

Prenez vraiment soin de vous

Aujourd'hui, faites une liste de toutes les choses que vous feriez si vous commenciez à prendre vraiment soin de vous.

Incluez les choses que vous faites déjà, les choses que, par instinct ou par habitude, vous faites depuis des années. Puis ajoutez les choses que vous aimeriez faire, que vous avez souvent eu l'intention de faire pour vous-même.

Faites une liste, puis collez-la sur le miroir de votre salle de bain, ou cachez-la dans votre tiroir à sous-vêtements, et faites au moins une nouvelle chose qui figure sur la liste aujourd'hui. Laissez-vous vous aimer.

Apprendre les façons de l'amour

Une grande part de l'amour consiste à apprendre à connaître la personne que vous aimez, à devenir conscient de ce qui la charme, l'enchante, la ravit, de ce qui nourrit son corps et son âme.

Car peu importe à quel point la chose que vous voulez lui donner vous semble précieuse ou délicate, si la personne que vous aimez ne lui accorde pas la même valeur, la chose ne pourra pas être reçue. C'est en effet seulement l'amour que nous pouvons effectivement accepter que nous expérimentons en tant qu'amour, quelle que soit l'intention de la personne qui donne.

C'est pourquoi très souvent les personnes qui déclarent leur amour avec la plus grande passion n'obtiennent pas la réponse qu'elles veulent. Elles n'ont pas trouvé la recette pour livrer l'amour sous la forme la plus délicieuse du dessert préféré de la personne qu'elles aiment. Qu'est-ce qui ravirait la personne que vous aimez? Si vous n'êtes pas certain, demandez-lui. Ce n'est pas toujours l'intention qui compte. Nous nous sentons aimé quand nous obtenons exactement ce dont nous avons besoin et ce que nous voulons.

L'intégrité, ou rien

Le mensonge, quelle que soit sa forme, même s'il est petit ou apparemment insignifiant, nous coupe de l'intégrité transcendante que l'univers incarne et sur laquelle il insiste. Donc, quand nous sortons de la vérité, nous sortons de l'amour.

C'est pourquoi l'intégrité – dire la vérité, tenir sa parole, définir sa morale personnelle et conduire sa vie conformément à celle-ci – est l'un des plus doux attributs de l'amour.

Quand nous vivons dans l'intégrité, nous sommes en harmonie avec les aspects les plus élevés du cosmos. Quand nous mentons, trichons, tergiversons, éludons, défendons, excusons, rationalisons, nous nous dévaluons face à la vérité plus grande du Tout. En vivant notre vérité, nous vivons en amour avec l'univers entier.

L'appartenance suprême

Avoir une relation vous place à un niveau très élevé de l'être. Cela signifie que vous êtes capable de mettre de côté votre propre égocentrisme pour laisser la réalité complexe d'un autre être humain – son histoire, sa souffrance, son essence unique, sa personnalité – fleurir dans votre conscience.

Vous permettre d'être envahi de la sorte est un acte spirituel, car cela signifie que vous avez fait tomber les frontières qui vous retenaient dans votre absorption de vous-même comme dans un cocon, et que vous avez laissé pénétrer votre ego en l'honneur de l'appartenance suprême à l'espèce humaine.

Nous ne pouvons rien faire de plus merveilleux dans cette vie. Si vous êtes perdu dans votre peur d'être envahi par un autre être humain, imaginez-vous comme un cercle dont la circonférence a été momentanément ouverte, mais uniquement pour se ressouder bientôt et devenir un cercle encore plus fort, le cercle de l'appartenance suprême.

Le château de votre âme

La personne qui vous aime vous verra – elle verra non seulement de quoi vous avez l'air, mais qui vous êtes à l'intérieur de vous-même, ce qui vous rend heureux et joyeux, ce qui vous chatouille le cœur, de quoi vos rêves les plus intimes sont faits.

Parce que la personne qui vous aime vous voit, vous pouvez vous révéler encore plus. Parce qu'elle voit votre grande bonté, vous pouvez lui montrer les cicatrices; parce qu'elle voit la pureté de votre cœur, vous pouvez lui montrer les faiblesses que vous essayez de protéger et de cacher.

Voir, c'est recevoir. Voir un autre être humain, c'est le faire entrer complètement, par la fenêtre de vos yeux, dans les chambres de votre cœur et le château de votre âme.

Aujourd'hui, voyez si vous pouvez vous permettre de faire entrer, le plus profondément possible, la beauté d'un autre être humain.

Mauvaise dispute / Bonne blague

Si vous vous disputez sérieusement et que vous ne savez pas si vous réussirez à passer au travers, pourquoi ne pas essayer de faire une blague, de faire une diversion ridicule. Évidemment la blague devrait être anodine, il ne s'agit pas de vous moquer de l'autre ou de dire une mesquinerie, seulement de lancer quelque chose qui détend l'atmosphère: «Chéri, est-ce que tu vois le gorille mauve qui mange les géraniums?»

Nous pouvons toujours être plus furieux ou plus sérieux, être plus désagréables et plus mesquins. Mais voulez-vous vraiment briser le moral de la personne que vous aimez? Une bonne dispute se termine sans qu'il y ait de corps en sang dans le salon, alors si vous ne savez pas comment traverser la dispute, pourquoi ne pas en sortir pour une minute?

Cinq petites questions faciles

Parfois les petites questions les plus simples peuvent vraiment favoriser l'intimité dans vos relations. Essayez celles-ci:

Qu'est-ce que tu aimerais que je te donne?

Qu'est-ce que tu aimerais que je ne te donne pas?

Qu'est-ce que tu aimerais que je reçoive de toi pour sentir que je t'aime?

Qu'est-ce que tu aimerais que je te demande?

Qu'est-ce que tu aimerais que je me rappelle quand nous serons vieux et que les jours de musique et de danse seront passés?

La peur véritable

Nous n'avons pas peur de l'amour; nous avons peur de tous les endroits où l'amour nous conduira: les vieilles souffrances, les nouvelles leçons. L'amour nous fait à nouveau visiter les vieux endroits douloureux, et bien sûr cela fait très peur. Mais s'aimer, c'est aussi s'ouvrir à la possibilité de guérir nos blessures, et nous devrions toujours, peu importe la peur qui peut l'accompagner, répondre à cette invitation.

Que nous soyons dans une vieille relation ou dans une nouvelle, nous avons tous des moyens de nous protéger, de prendre nos distances de façon à ne pas avoir peur. Comment pouvez-vous être brave aujourd'hui en ce qui concerne l'amour? Comment pouvez-vous placer votre peur sur une tablette et inviter plus d'amour dans votre vie?

La lumière qui tombe

L'amour est lumière, le pouvoir immense et mystérieux qui vivifie non seulement nos esprits, mais toute la création qui nous entoure. La lumière qui tombe dans nos vies, parce que nous aimons et que nous sommes aimés, est la lumière qui nous illuminera véritablement pour toujours. C'est l'étoile que nous suivons pour rencontrer la magie, le clair de lune de la romance extraordinaire et de l'incroyable passion, le rayon de soleil du bien-être spirituel, qui fait guérir et grandir.

C'est la lumière qui entre dans nos yeux quand nous regardons ceux que nous adorons, la lumière que nous créons avec nos mots, avec l'éclat de nos esprits, avec la beauté entière de nos vies. L'amour est la lumière dans laquelle nous vivons et respirons et aimons et rêvons. L'amour est la lumière qui tombe sur nous, maintenant et à jamais.

La hantise de la perte

Aimer quelqu'un signifie vivre avec un risque, avec la possibilité d'être abandonné. Nous ne pouvons pas contrôler le risque, mais en regardant en face notre peur de perdre l'autre, nous sommes encore plus disposés à aimer et à être aimés.

Le véritable amour est plus grand que nos peurs, plus audacieux que notre lâcheté, plus brave que toutes nos limites. Le véritable amour surmonte la peur, permet le changement, invite la croissance, explore l'inconnu. Il est relativement facile de courir, de nous protéger, de nous séparer, ou de nous retirer; notre défi est de rester attaché en dépit de nos peurs.

Quand nous constatons que nous nous accrochons aux autres – M'aimera-t-il encore demain? Me sera-t-elle fidèle ce soir? – nous devrions nous demander de quoi nous avons vraiment peur et essayer d'exprimer nos peurs. Puis, plutôt que de laisser nos peurs prendre le dessus, nous pouvons respirer dans la lumière, souffler sur elles pour les chasser.

Pas une fantaisie

Nous aimons penser que nos relations sont comme d'incomparables trousses de médecins, qu'elles règlent tous nos problèmes, qu'elles réalisent tous nos rêves. En fait, l'amour n'est pas la réalisation de nos rêves, mais notre réalité inventée.

Ce que cela signifie, c'est que même si des choses magiques pourront se produire – peut-être qu'il marche, parle ou fait l'amour exactement comme vous l'espériez; peut-être qu'elle est en tous points comme vous l'imaginiez, jusqu'à sa démarche ou sa façon d'embrasser – il faudra également faire toutes sortes de compromis et d'ajustements, il y aura des choses qui ne seront pas comme vous aviez prévu ou comme vous aimeriez qu'elles soient.

Ne laissez pas les exigences de la réalité réduire en poussière la magie de votre rêve réalisé. Aujourd'hui, rappelez-vous encore les choses vraiment magiques que l'amour vous a données.

L'amour est le creuset

Par l'amour nous sommes invités à résoudre nos histoires. L'amour est le creuset, le récipient inaltérable et infusible dans lequel nous sommes soumis à l'épreuve du feu, fondus, transformés. Dans l'amour nous sommes formés et reformés par la chaleur incandescente de l'évocation inattendue de toutes les choses en nous qui réclament d'être guéries: notre honte et notre peur, nos souffrances et nos insécurités, nos conflits et nos controverses intérieures infinies.

À travers l'être aimé nous sommes une fois encore placés face à face avec ce qui en nous n'est pas résolu. Nous retrouvons l'absence de notre père ou l'envie de notre frère, la cruauté de notre mère ou la rivalité de nos sœurs. Nous voyons nos propres enfances projetées dans toutes les directions. Par l'amour nous sommes invités à les réintégrer, mais d'une façon différente, à revivre et à pleurer les pertes du passé, et donc à les racheter.

Le pouvoir créateur de l'amour

C'est l'amour qui nous permet d'atteindre la plénitude de notre être – pas notre apparence, pas notre travail, pas nos réalisations, pas nos parents, pas notre condition, pas nos rêves. Ces derniers sont l'avoine et la garniture, le carburant qui nous permet de naviguer; mais c'est l'amour, qui nous aimons, comment nous aimons, pourquoi nous aimons, et ce que nous aimons, qui en définitive nous façonne.

C'est l'amour, avant tout et après tout, au commencement et à la fin, qui nous crée. Aujourd'hui, en pensant à cela, essayez de reconnaître et de vous rappeler les moments, les événements, les gens qui vous ont amené à vivre, ne serait-ce que momentanément, une véritable expérience de l'amour, et laissez le reste, les inévitables mondanités de la vie, s'estomper tout doucement, comme un nuage.

Aimer nos enfants

Aimer nos enfants signifie respecter leurs identités. Cela signifie croire que ce sont des individus engagés dans un processus de devenir, et qu'ils ont – parmi leurs caractéristiques nombreuses et parfois frustrantes – des talents et des aptitudes qui peuvent excéder en étendue et en dimensions les pouvoirs que nous possédons nous-mêmes.

Aimer nos enfants signifie que, plutôt que de réduire leurs dons miraculeux en poussière, nous les vénérerons, et à une distance suffisante pour leur donner l'air et la lumière dont ils auront besoin pour s'épanouir. En d'autres termes, tout en protégeant nos enfants en jouant notre rôle de parents, nous leur accorderons notre confiance pour qu'ils deviennent eux-mêmes.

Que pouvez-vous faire, maintenant et toujours, pour encourager l'épanouissement de vos enfants?

L'amour transforme

Vous savez que vous êtes en amour, lorsque vous constatez un changement, quand le mystérieux pouvoir qui fait battre votre cœur plus vite commence à vous habiter tous les jours de votre vie. Quelque chose s'adoucit en vous, et vous commencez à marcher dans une direction légèrement différente: votre visage a l'air plus sage ou plus jeune, il y a une lumière dans vos yeux, quelque chose de différent dans vos mouvements, dans la façon dont vos mains saisissent les choses.

Les gens s'en aperçoivent. «Tu as l'air différent», disent-ils, ou «Tu as l'air en pleine forme», ou «Qu'est-ce qui t'arrive?»

Et vous leur répondez: «Je suis en amour», et en vous-même vous savez que vous êtes en processus de changement. Être en amour nous change vraiment, imperceptiblement, manifestement et pour de bon, en surface et en profondeur.

Des pensées quotidiennes tirées de la profondeur de l'âme...

S'aimer, Un jour à la fois vous permettra de redécouvrir la douceur et la joie de l'estime de soi. Ces pensées quotidiennes ont été puisées de la profondeur de l'âme. En parcourant ces pages, vous sentirez renaître en vous la joie de vivre. *S'aimer, Un jour à la fois* est une grande bouffée d'air frais qui vous ramène à l'essentielle bonté de votre être et à l'ultime expression de votre coeur.

«Aujourd'hui, je dis bonjour à la vie. Je sais que chaque fois que j'inspire, j'absorbe une puissante énergie de guérison. Et chaque fois que j'expire, je lâche prise. J'abandonne toute l'anxiété, toute la tension et toute la négativité qui m'empêchent de me sentir bien.»

376 pages
ISBN 921556-11-1

Retrouvez la puissance de votre sagesse naturelle

Le bonheur - Un jour à la fois est un merveilleux petit guide pour tous ceux qui désirent vivre heureux et en harmonie. Ce livre contient un ensemble de méditations et d'affirmations quotidiennes qui vous permettront de retrouver la sérénité à tous les jours et dans tous les contextes. Le bonheur - Un jour à la fois vous révèle les secrets d'une vie remplie de succès, d'amour et de plaisir.

En se basant sur la mise en application de valeurs sûres, l'individu peut éliminer la confusion et augmenter l'efficacité de son action.

380 pages
ISBN 2-921556-21-9

Votre droit à l'individualité et au respect

Ce livre de méditations quotidiennes a été rédigé pour vous. En parcourant ces pages vous vous sentirez revivre, retourner à l'essence même de votre être. Pour tous ceux qui on grandi au sein d'une famille dysfonctionnelle, qui ont senti les pressions d'une société férocement insensible, ou qui ont côtoyé un partenaire opprimant, ce livre vous permet de reprendre votre destinée en main.

Être soi-même - Un jour à la fois est un outil précieux dans une démarche de rétablissement affectif et spirituel, qui mène à l'expression de votre être authentique, dans toutes les situations, dans toutes les relations et à tous les moments.

380 pages
ISBN 2-921556-13-8

*Un livre
essentiel
de pensées
quotidiennes.*

L'Enfant intérieur, jour après jour

L'enfance est cette période privilégiée de la vie qui coule aisément, sans que soit compté le temps, pendant laquelle les désappointements sont peu nombreux. En est-il vraiment ainsi ? Pour nombre de ceux qui grandirent dans une famille dysfonctionnelle, l'enfance est plutôt la période pendant laquelle ils se rendirent compte que l'existence n'est pas cette merveilleuse aventure qu'elle pourrait être. Les messages négatifs véhiculés par les parents forment les attitudes qui influeront sur eux pendant le reste de leurs vies. Les enseignements négatifs reçus pendant l'enfance se mani -festent souvent au cours de la vie adulte par des actes entraînant l'insuccès.

Cet ouvrage présente une méthode visant à renouer avec l'Enfant intérieur afin de mieux vivre pleinement. *L'Enfant intérieur, un jour à la fois* est destiné aux adultes désireux de guérir les blessures émotionnelles issues de l'enfance afin de passer d'un cycle empreint de douleur à celui menant à la guérison affective.

376 pages
ISBN 921556-07-3

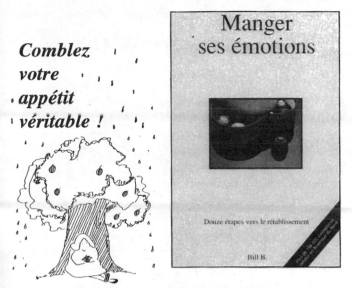

Comblez votre appétit véritable !

Manger ses émotions

Douze étapes vers le rétablissement

Bill B.

Douze étapes vers le rétablissement

Dans ce livre, l'auteur nous apprend que l'embonpoint et les troubles reliés à l'alimentation sont les signes extérieurs d'un malaise profondément ancré. Afin de rompre le cercle vicieux de la compensation, de la honte et de l'impuissance qui résultent de la suralimentation et d'une piètre estime de soi, il faut entamer un processus de transformation émotionnelle et spirituelle qui conduit, en dernier lieu, à une vision nouvelle de soi-même et des autres.

Il est donné à tous de retrouver un poids idéal, mais maintenir ce poids par la suite nécessite un travail émotionnel et spirituel. Il faut avant tout mincir dans sa tête et dans son coeur.

Cet ouvrage s'adresse en particulier à ceux et celles qui, après avoir fait de durs efforts pour maigrir, ont regagné chaque fois le poids perdu en un rien de temps.

332 pages
ISBN 2-921556-04-9

*La méthode la
plus efficace
pour libérer
votre
Enfant
intérieur !*

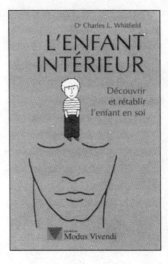

Découvrir et rétablir l'Enfant en soi

Reconnaître que l'on est blessé intérieurement et laisser cette vérité éclater au grand jour peuvent mener à la libération de la douleur accumulée et de la souffrance inutile.

Une méthode de rétablissement permet de renouer avec l'enfant blessé qui dort en chacun, d'apprendre à le reconnaître afin de le guérir de ses maux passés. Cette méthode, élaborée par le Dr Charles Whitfield, et les causes de l'enfouissement de l'Enfant intérieur, sont exposées dans cet ouvrage. À sa lecture, vous apprendrez à retrouver l'enfant en vous et à le laisser s'exprimer.

**224 pages
ISBN 2-921556-01-4**